나를 치유하는
마음 털어놓기

나를 치유하는
마음 털어놓기

최정우 지음

속마음만 털어놓아도 마음치유가 시작된다

평단

"표현되지 않은 감정은 절대 죽지 않는다.
그것들은 산 채로 묻혀 언젠가 더 흉측하게
그 모습을 드러낼 것이다."

지그문트 프로이트

들어가는 글

위로 올라가려고 에스컬레이터를 탈 때가 있다. 에스컬레이터에 올라 가만히 몸을 맡기고 서 있을 때도 있지만 조금 더 빨리 가려고 그러면 안 되는 줄 알면서도 걸어 올라갈 때가 있다. 같은 높이를 오른다고 했을 때 상행 에스컬레이터를 타고 걸어 올라갈 때는 그냥 계단을 걸어 올라갈 때보다 힘이 덜 든다고 느끼는 경향이 있다. 걸어 올라가는 데 들인 에너지와 열량은 같은데 말이다. 이는 에스컬레이터 자체가 위로 올라가기 때문에 이로부터 힘을 받는 것 같은 느낌이 들기 때문 아닐까?

이런 비슷한 느낌을 일상생활에서 받을 때가 있다. 힘든 마음을 누군가에게 털어놓았을 때다. 힘든 순간, 괴로운 순간, 슬픈 순간, 두려운 순간 느끼는 감정을 홀로 마음에 담아두지 않고 누군가에게 털어놓고 나면 당장 해결되는 것은 없어도 기분이 좀 나아진다. 힘을 받는 느낌도 든다. 결국 내가 이겨내야 할 일이지만 털어놓고 나면 그만큼 힘을 덜 쓰고도 그 일을 해낼 것 같은 느낌이 든다. 이것이 마음을 털어놓는 것의 효과다. 마음을 털어놓는 것이 마음이 치유되는 이유다.

사실 "괴롭고 힘든 마음을 털어놓을 것이냐? 말 것이냐?"가 문제가 아니다. "어떻게 털어놓을 것인가?"가 문제가 되어야 한다. 그만큼 마음을 털어놓을 수 있다면 여러 측면에서 긍정적 효과를 얻고 도움을 받을 수 있다는 뜻이다. 겉으로 표현하지 못하고 풀어내지 못한 마음은 그것으로, 그 자체로 절대 소멸하지 않는다. 잠깐 괜찮아진 것 같다고, 잊은 것 같다고 해서 이겨냈다고 생각하면 착각이다.

그렇게 숨겨지고 잊힌 마음은 몸이나 무의식 속에 숨어 있다가 언제 어떤 모습으로 나타날지 모른다. 어쩌면 통제할 수 없는 괴물이 되어 어느 날 갑자기 나타나 치명적 상처를 줄 수도 있다. 우리가 감당해내지 못할 만큼의 더 큰 상처를. 정신분석의 창시자인 지그문트 프로이트Sigmund Freud도 이런 말을 하지 않았는가!

"표현되지 않은 감정은 절대 죽지 않는다. 그것들은 산 채로 묻혀 언젠가 더 흉측하게 그 모습을 드러낼 것이다."

우리는 또한 이런 말을 할 때도 있고 들을 때도 있다.

"울화가 치밀어 오른다." "울화통이 터진다." "울화통이 폭발한다."

여기서 '울화통'은 무슨 뜻일까? 한자로는 답답할 '울鬱' 자에 불 '화火' 자를 쓰니 '불처럼 타오르는 답답한 마음' 정도가 되겠다. 국어사전에서는 몹시 쌓이고 쌓인 마음속의 화를 속되게 이르는 말이 울화통이라고 한다. 이렇게 불타오르는 답답함과 화는 왜 마음속에 쌓이게 되었을까? 그런 감정을 느낄 때마다 제때에 제대로 처리되지 못해서 마음 안에 묻혔기 때문이다. 좋은 게 좋은 거라며 속으로만 삭였을 수도 있고, 화가 났지만 참는 게 낫겠다고 생각해 그렇게 했을 수도 있다. 제때 적당한 방법으로 그런 마음을 풀어냈더라면 울화통이 터질 일은 없었을 것이다.

물론 화가 난다고 해서, 슬픈 일이 있다고 해서, 억울한 일을 겪었다고 해서 그럴 때마다 부정적 감정을 마구 드러내고 표현하기는 어렵다. 그런 사람에게는 아무도 다가가지 않을 테니 말이다. 그렇다고 무작정 참기만 하면 더 힘들다. 쓰레기통을 제때 비우지 않고 쓰레기를 계속 밀어 넣기만 하면 언젠가는 쓰레기가 흘러넘치듯, 부정적 감정을 마음 안으로 밀어 넣기만 하면 언젠가는 주체할 수 없게 되어 폭발하듯 넘쳐 흐를 수 있다.

우리가 살면서 우울, 불안, 초조, 분노, 억울함, 무기력, 질투, 불쾌함 등의 부정적 감정을 아예 마주하지 않을 수는 없다. 우리 삶은 사람과 사람이 만나고 감정과 감정이 부딪치는 수많은 감정의 접점과 교차 선상에 있기 때문이다. 그래서 자신의 다양한 감정을 관찰할 수 있고, 제대로 끄집어낼 수 있고, 자신 있게 다룰 수 있는 것은 매우 중요한 능력이다. 그런 능력이 있는 사람은 수많은 마음의 감정을 만나야 하는 이 세상에서 삶의 강력한 무기를 하나 가지고 있는 것과 같다.

반대로 자기감정과 마음을 제대로 털어놓지 못하는 사람은 제대로 된 무기도 없이 전쟁터에 나서는 것과 다를 바 없다. 매 순간 마주하는 다양한 마음과 감정을 적절한 방법으로 털어놓고 제때 표현하는 것은 그런 의미에서 중요하다.

마음의 짐이 있다면, 쉽게 꺼내지 못할 고민이 있다면 그것을 혼자서만 지고 가려고 하지 말자. 혼자서만 해결하려 하지 말자. 주위 사람에게 그 이야기를 하고 털어놓는 용기를 내보자. 그러면 에스컬레이터를 타고 걸어 올라가는 것과 같은 탄력을 받을 수 있다. 저 높은 계단을 홀로 걸어 올라가기엔 너무 벅차다. 누군가 등을 밀어주고 떠받쳐주는 듯한 느낌을 얻도록 마음을 털어놓는 용기를 내자.

이제 할 일은 하나뿐이다. 마음을 털어놓을 용기를 내는 것이다. 용기라고 해서 거창한 결심과 노력이 필요한 것은 아니다. 마음을 털어놓으면 더 큰 힘을 얻을 거라는 믿음, 고민을 털어놓아도 사람들은 여전히 나를 좋아할 거라는 믿음, 마음을 열면 오히려 더 큰 친근감을 느낄 거라는 믿음만 있으면 된다. 그리고 그 믿음은 모두 사실이다. 모두 믿어도 되는 믿음이다.

이 책에서는 마음을 제대로 털어놓지 못했을 때 겪을 수 있는 부작용, 누구나 털어놓고 싶은 이야기가 있다는 사실, 마음을 털어놓으면 좋은 이유, 마음을 털어놓는 방법 등을 얘기한다.

책을 쓰는 과정에서 나도 속마음을 털어놓게 되었다. 마음이 한결 후련해지고 가벼워졌다. 답답했던 감정과 이야기를 덜어낸 만큼 좀 더 가벼운 마음으로 새로운 일을 시작할 수 있을 것 같다. 이제는 여러분이 이 책을 읽고 마음이 가벼워질 차례다. 마음을 털어놓는 용기를 낼 차례다. 마음을 털어놓는 행동으로 강력한 무기 하나를 삶에 단단히 장착하길 바란다.

차례

2장
마음을 털어놓는 것이 나를 치유할 수 있는 이유

5장
누구에게 마음을 털어놓으면 좋을까

1장

누구나
털어놓고 싶은 것이 있다

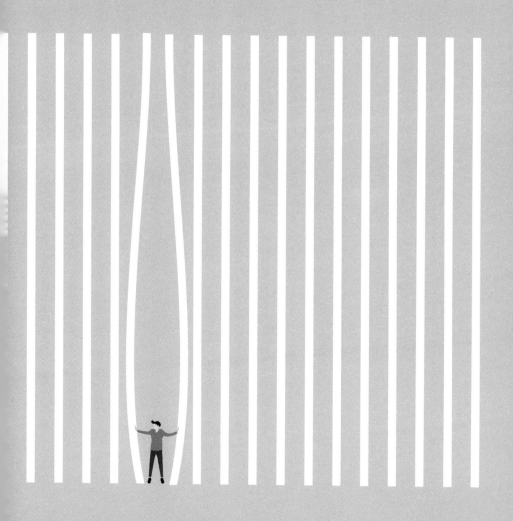

계곡에서

떨어져 죽으려고 했던 아이

20대 초반인 L씨는 학창시절 친구들에게 괴롭힘과 따돌림을 당했다. 그는 초등학교 6년, 중학교 1년, 고등학교 1년 동안 힘든 시간을 보냈지만 아무에게도 쉽게 말하지 못했다. 그가 처음부터 마음을 숨긴 것은 아니다. 초등학교 2학년 때 담임 선생님에게 자기 상황을 말하며 도움을 요청했다. 담임 선생님은 몇 번 신경 써주셨지만 나중에는 "네가 알아서 해" 하며 귀찮아하셨다. 따돌림과 괴롭힘이 계속되었지만 부모님이 오랫동안 서로 사이가 좋지 않았으므로 눈치가 보여서 부모님에게는 그런 얘기를 꺼내지 못했다.

그러다가 중학교 2학년 때 용기를 내어 어머니에게 얘기했지만 "이미 지나간 일이니 네가 잊어라"라는 어머니 말을 듣고는 좌절하고 말았다. 그 이후 그는 이런 생각을 굳히게 된다.

'아! 내 문제는 결국 나 혼자 해결해야 하는구나.'

그는 중학교 3학년 때 가족여행으로 갔던 계곡에서 투신 자살을 시도했지만 주위에 있던 사람에게 구조되어 목숨을 건졌다. 가족은 L씨가 물에 빠진 게 실수였던 것으로 알고 있다. 그때도, 지금도.

그는 혼자만의 시간을 보내다 오픈 채팅방에 참여하게 되었고, 익명이라는 데 힘입어 고통스러웠던 얘기를 꺼냈다. 그런데 잘 알지도 못하는 사람들이 위로의 말을 건네자 그는 이런 생각이 들었다.

'이상하다. 왜 나를 위로해주지?'

그는 타인의 위로가 낯설었을 뿐 아니라 타인이 자신을 위로하는 것을 이해하지 못했다. 나는 그 이유를 물어보았다.

> 나: 그런 힘들었던 얘기를 들으면 누구라도 위로해줄 것 같은데요? 위로를 받고 왜 그런 생각이 들었어요?
>
> L씨: 나 자신이 싫었어요. 내가 그 모습으로 있는 것도 싫었고, 잘하는 것도 없어서 나 자신이 쓸모없어 보였어요. '나는 위로받을 가치가 없는 사람'이라고 생각했어요.

그랬다. 그는 자신이 위로받을 가치조차 없을 정도로 쓸

나를 치유하는 마음 털어놓기

모없는 사람이라고 생각했던 것이다. 그 말을 듣고 마음이 너무 아팠다. 오랜 시간 털어놓지 못하고 도움받지 못한 상황이 누군가의 위로와 도움 자체를 낯설게 만들었다. 아이가 그 상태가 되도록 어른들은 무엇을 했을까? 왜 좀 더 적극적으로 도와주려고, 왜 그 아이 마음을 더 들여다보려고 하지 않았을까? 1차 가해자는 괴롭힌 아이들이었지만 2차 가해자는 어른들이라고 생각한다.

그는 성인이 된 지금도 사람 사이에 벽을 세운다. 친해지고 싶은 사람이 있어도 어느 선 이상으로 다가가지 못한다. 좀 더 친해지면 상대방이 자신의 우울한 면을 발견할 거라는 생각이 들기 때문이다. 상대방이 자신의 우울한 면을 발견하면 자신을 싫어하게 될 거라고 믿기 때문이다. 사람은 누구나 우울한 것을 좋아하지 않는다고 생각하기 때문이다. 우울한 것도, 우울한 사람도.

정말 그럴까? 사람은 모두 우울한 것을, 우울한 사람을 항상 싫어할까? 사람에게는 누구나 다 우울한 면이 있다. 단지 우울의 종류나 정도 차이가 있을 뿐이다. 그런데 누군가의 우울한 면을 알게 되었다고 해서 그 사람을 싫어하게 될까? 누군가에게 우울한 모습이 있다고 해서 그 사람을 떠나게 될까? 그렇지 않다. 사람들은 누군가의 우울한 모습, 약한 모습, 힘들어하는 모습을 보면 동정하거나 공감하며 도와주고 싶어 한다. 사람은 누구나 마음속 상처나 약한 면을 발견하였을 때 그를 더 친근하고 가깝다고 느끼는 경향이 있기 때문이다.

나 역시 비슷한 경험을 가끔 한다. 회사에서는 사장님, 군대에서는 여단장님, 텔레비전에서는 유명한 운동선수를 볼 때면 나와 다른 세상에서 사는 사람들처럼 느껴진다. 그런 사람들은 걱정할 일도 없고 힘든 일도 없을 것 같다. 그런데 그들의 우울했던 경험, 힘들었던 이야기를 직간접적으로 들을 기회가 있었다. 그런 이야기를 들으며 '아, 저들도 저런 감정을 겪을 수 있는 평범한 사람이구나' 하는 생각이 들었다. 그런 생각이 들자 그들이 친근하게 느껴졌다.

이렇게 우리는 완벽해 보이지만 완벽하지 않은 누군가의 모습에 친근감을 느낀다. 우울한 모습도 마찬가지다. 늘 행복해 보이는 사람, 걱정 없어 보이는 사람도 그 사람의 우울한 면, 힘들어하는 마음을 보여주면 많은 사람이 그에게 더 친근감과 호감을 느낄 수 있다.

우울한 모습을 봤다고 떠나는 친구가 있다면 그 사람은 처음부터 친구가 아니다. 우울한 모습을 보여도, 힘들었던 얘기를 털어놓아도 사람들은 여전히 당신을 좋아하고 아끼고 사랑한다는 사실을 잊지 않았으면 한다. 평소에 조금씩 우울한 마음, 우울한 경험을 털어놓는 것이 중요한 이유다.

나를 치유하는 마음 털어놓기

당신이 누군가의 우울한 모습을 알게 된 후 그에게 친근감을 느끼고 도와주고 싶었던 적이 있을 것이다. 이제는 당신 차례. 당신도 믿을 만한 사람, 괜찮다 싶은 사람에게 털어놓고 싶은 마음, 보여주고 싶은 마음을 편히 보여주면 좋겠다. 그래도 사람들은 당신을 여전히 사랑하고 기꺼이 도와주려 할 것이다. 그런 작은 경험을 조금씩 쌓아나가자. 지금부터 꾸준한 연습과 용기가 필요한 과제다.

혼자서 처리하기 힘든
감정

　미국의 심리학자 폴 에크만Paul Ekman이 주장한 기본 감정 이론Basic Emotion Theory을 따르면 인간의 감정은 행복, 슬픔, 분노, 놀람, 혐오, 두려움 6가지 기본 감정으로 나눌 수 있다. 이러한 기본 감정이 조합되어 다양한 감정이 생성된다는 것이다. 굳이 이러한 이론을 참고하지 않더라도 일상에서 하는 경험은 셀 수 없을 만큼 복잡하고 다양하다. 불안함, 불쾌감, 좌절감, 설렘, 찝찝함, 부러움, 통쾌함, 답답함, 사랑스러움, 귀여움, 자랑스러움, 든든함, 우울함, 초조함, 무기력감, 허무함, 피곤함, 의심스러움, 만족감, 불만족감, 질투심, 자부심, 자신감, 외로움, 풍족감, 소속감, 분노감, 아픔, 싫증, 실망, 동정, 반성, 부끄러움, 죄책감, 수치심, 미안함, 후회 등 그 끝을 알 수 없다.

　매일 변하는 하늘의 색깔을 정확히 구분하기 어렵듯이 매

　　　　　　　　　　　나를 치유하는 마음 털어놓기

일 느끼는 감정의 이름을 정확히 구분하기는 어렵다. 이렇게 다양한 감정 중에는 혼자서 처리하기 쉬운 감정도 있고 혼자서 처리하기는 어려운 감정도 있다. 예를 들어 설렘이나 부러움은 굳이 다른 사람의 도움을 받을 필요가 없는 감정이다. 혼자만 설레고 혼자만 질투를 느끼면 된다. 이를 굳이 다른 사람과 나눌 필요는 없다.

반면 타인과 털어놓고 나누며 표현하면 더 좋은 감정이 있다. 우울함, 불안감, 분노감 등이 그렇다. 그러한 감정은 혼자서만 감당하기에는 힘들 수 있고 그 영향도 더 오래갈 수 있다. 혼자서 끙끙 앓기보다 감정을 표현하고 속마음을 털어놓을 때 더 수월하게 처리할 수 있는 대표적 감정 몇 가지를 소개한다.

첫째, 우울감과 불안감이다. 혼자서 우울감이나 불안감을 다루기는 매우 어려울 수 있다. 하지만 이 감정에 제대로 대처하지 않으면 나중에 고립감이나 무력감을 겪을 수 있고 더 나아가 대인관계나 일상생활에 지장을 받을 수도 있다. 따라서 이를 그대로 방치하거나 혼자서만 해결하려고 하면 안 된다.

심리치료를 받으며 속마음을 얘기하고 표현하는 것은 우울증 증상을 줄이는 데 도움이 될 뿐만 아니라 일상 기능 회복과 대인관계 개선에 도움이 된다. 우울감, 불안감은 적극적으로 표현하고 털어놓으면 더 쉽게 대처할 수 있는 기분이다.

둘째, 분노와 스트레스다. 이는 일상에서 쉽게 느낄 수 있고 자주 찾아오는 감정이니만큼 매번 이를 혼자서 처리하기는 어려울 수 있다. 강한 분노나 스트레스를 느낄 때 제대로 다루지 못하고 무작정 참아보려고 했던 적이 있다면 그것이 얼마나 힘든 일인지 잘 알 것이다. 나는 아내에게 참을 수 없는 분노를 느낄 때가 가끔 있다. 전화통화를 하다가 일방적으로 끊을 때, 자신이 원하는 대답을 해주지 않는다고 짜증 낼 때, 몇 번이나 부탁했는데 지켜주지 않을 때 화가 나고 짜증이 난다.

이럴 때 그런 마음을 그냥 담아두지 않고 글로 쓴다. 카톡에서 나와 대화하기 기능 또는 노트북 한글 문서 프로그램을 이용해 그 순간의 마음, 감정을 느껴지는 그대로 적는다. 그렇게라도 하면 좀 나아진다. 혼자서 꿍할 때보다 훨씬 낫다. 분노와 스트레스는 사람이 됐든, 글이 됐든, 인공지능이 됐든 어떤 식으로라도, 누구에게라도 풀어내야 한다. 그렇게 바깥으로 내보내야 한다. 그렇지 않으면 몸과 마음에 남아 치명적인 독이 될 수 있다.

셋째, 떨어진 자존감이다. 자존감self-esteem은 말 그대로 '스스로 존중하는 마음'이다. 자기 자신을 긍정적으로 평가하고 인정하며, 자기 능력과 가치를 믿는 감정과 태도를 말한다. 이는 자신을 인식하고 평가하는 방법에 영향을 미치며 자신의 가치를 인정하는 데 중요한 역할을 한다. 자존감이 높은 사람은 어려움에 직면하더라도 긍정적으로 대처하고, 실패를 더 나은 기회로 전환하는 경향이 있다. 반면 자존감이 낮은 사람은 별것 아닌 일에도 자신을 비하하거나 불안을 느낄 수 있다.

이처럼 자존감의 역할은 중요한데, 문제는 그런 자존감이 떨어졌을 때다. 목표로 하던 일이 실패했다고 느껴질 때, 믿었던 사람에게 배신당했다고 느껴질 때, 좋아하는 사람에게 고백했지만 결과가 좋지 않을 때, 상사에게서 인정받지 못했다고 느낄 때, 누군가에게 무시당했다는 느낌이 들 때 자존감 하락을 경험할 수 있다. 누구나 이런 일을 겪을 수 있다.

기억해야 할 것은 이 경우에도 혼자 이겨내려고 하기보다는 이러한 감정을 표현하고 드러내는 것이 자존감 회복에 훨씬 도움이 될 수 있다는 점이다. 자존감이 떨어진 상태에서 스스로 자존감을 올리는 것은 쉬운 일이 아니기 때문이다. 자기 마음, 감정, 속상한 일을 터놓고 나누며 상대에게서 공감과 위안을 느낄 수 있다. 용기와 힘을 얻을 수 있다. 더 빠른 자존감 회복을 기대할 수 있다.

넷째, 상실감이다. 여기서 상실감은 가족, 친구, 반려동물 등의 상실로 발생할 수 있는 감정을 말한다. 이러한 감정 역시 혼자 다루기는 쉽지 않다. 누군가의 빈자리로 인한 감정을 혼자서만 처리하고, 혼자서만 이겨내려는 것은 무리가 있다. 기쁨은 나누면 배가되고 슬픔은 나누면 반이 된다는 말도 있지 않은가?

누군가를 떠나보냈을 때 그 상실감은 이루 말할 수 없다. 이 역시 누군가와 대화하거나 마음 털어놓기로 처리하는 것이 좋다.

심리상담에서도 이러한 상실감을 전문적으로 다루는 분야가 애도상담Grief Counseling이다. 애도상담은 누군가의 죽음, 누군가와의 이별, 어떤 것의 손실 등 무엇을 잃어버리고 떠나보낸 경험에서 비롯되는 슬픔, 허무함, 고통 등의 감정을 전문적으로 다루는 상담이다. 떠나보낸 사람이나 대상에서 밀려오는 감정을 혼자서 감당하려면 벅찰 수밖에 없다.

슬픈 감정을 충분히 표현하고 나누는 행위로 안에 남아 있는 미련, 부정否定, 집착 등 부정적 감정을 떨어낼 수 있다. 시간이 흐름에 따라 그 슬픔을 조금씩 받아들이고 원래 마음으로 돌아갈 수 있다. 누군가를 잃은 슬픔은 안에 남겨두지 말고 밖으로 꺼내 적극적으로 살피고 느끼고 말하고 표현해야 한다. 누군가를 잃은 슬픔과 고통은 그렇게 이겨낼 수 있다.

다섯째, 외로움이다. 외로움 역시 혼자 다루기 어려운 감정이다. 외로움을 이미 느끼고 있는데 혼자 외로움을 떨쳐내기는 쉽지 않다. 그럼 외로움은 언제 느낄까? 힘든 일이 있어도 도움을 요청할 만한 사람이 없다고 느낄 때, 어려운 상황을 사람들이 외면하는 것처럼 느껴질 때, 새로운 조직에 나 혼자 떡하니 떨어졌을 때, 아무도 나에게 관심을 주지 않을 때, 사람들과 함께 있어도 예전의 따돌림당했던 기억이 떠오를 때 외로움을 느낄 수 있다. 이때 외로움을 혼자서만 버텨내려고 하면 위험하다. 이러한 외로움의 감정을 제대로 처리하지 못하면 자해·자살 같은 위험 사고로 번질 수 있기 때문이다.

사회적 고립감과 외로움이 자살 충동과 관련해 중요한 요인이 될 수 있다고 한다. 외로움에 제대로 대처하지 못하면 생명에 위협이 될 수도 있는 것이다. 이러한 외로움 역시 누군가와 적극적으로 소통해 덜어내고 대처해야 해결할 수 있다. 누군가와 적극적 연결, 강한 소속감 경험으로 외로움에 대처해나갈 수 있다.

여러분이 요즘 우울·불안, 분노·스트레스, 낮은 자존감, 상실감, 외로움 등을 겪고 있다면 더는 혼자 담아두지 않았으면 좋겠다. 다른 감정도 마찬가지지만 이러한 감정은 특히 적극적이고 신속한 대처가 필요한 것들이다. 그 마음을 속에만 담아두려 하지 말고 밖으로 꺼내는 연습을 하자.

털어놓거나 해결하지 못한 욕구는
꿈으로 찾아온다

"꿈은 당신이 당신에 관해 쓰는 책에서 나오는 환상이다."
미국의 연극작가 마샤 노먼Marsha Norman이 한 말이다. 이
말의 의미는 무엇일까? 꿈은 평상시 표현하기 어려운 자
신의 어떤 모습을 표현하는 하나의 방법일 수 있다는 뜻
이다. 꿈에 관한 정보 처리 이론Information Processing Theory-
dreams을 보면 꿈은 지나간 경험과 일상생활에서 수집한
정보들을 처리하고 통합하는 과정이다. 이는 해결되지 않
은 문제나 감정을 꿈으로 처리하고 해결하려는 시도가
될 수 있다는 의미다.

상담을 진행했던 20대 후반 내담자 P씨가 있다. 그는 최
근 악몽을 자주 꾼다고 하소연했다. 꿈속에서 가족이나 친
구들이 자기를 떠나간다고 했다. 마지막으로 외할머니가 남
아 있었는데 외할머니마저 자신의 등을 토닥거려주고 우시

면서 떠나갔다고 했다. 물론 꿈에서였다. 그는 그럴 때 울면서 잠에서 깨어난다고 했다. 그래서 물어보았다.

나: 평소에 가족이나 지인들이 자신을 떠나간다고 생각한 적 있나요?

P씨: 아니요. 없습니다.

나: 그렇군요. 그럼 가족이나 지인들이 혹시 P님을 떠나갈 수도 있을까요? 물론 그런 일이 있어서도 안 되고 그런 일이 있지도 않겠지만 가정을 해보는 겁니다.

P씨: 네. 떠나갈 수도 있지 않을까요?

나: 떠나갈 수도 있다. 그럼 왜 떠나갈까요?

P씨: 음… 제가 싫어서?

나: P님을 싫어해서… 그럼 P님의 어떤 점을 싫어할까요?

P씨: 의지가 없고 남들 다하는 회사생활도 잘하지 못하고 불평·불만이 많고 화를 잘 내고 허세가 있고….

얘기를 나누다 보니 그가 자신의 어떤 모습을 스스로 마음에 들어 하지 않는다는 사실을 알게 되었다. 그리고 그런 모습 때문에 사람들이 자신을 싫어할 테고, 결국 사람들이 자기를 떠나갈 수 있겠다는 생각을 한 것이다. 그런 생각들이 평소에는 무의식에 남아 있다가 꿈으로 나타날 확률이

높다. 꿈을 통해서 그가 자신에 대해 평소 어떻게 생각하는지, 어떤 불안감을 가졌는지 확인할 수 있었다.

프로이트의 '꿈의 정신분석학적 이론Psychoanalytic Theory of Dreams'에 따르면 꿈은 무의식적 소망, 욕망 그리고 두려움의 표현이라고 한다. 깨어 있는 상태에서 표현하지 못하는 소망, 욕망, 두려움의 감정이 꿈으로 표현되는 것이다. 이처럼 말하지 못한, 표현되지 못한 감정은 숨겼다고 없어지는 것이 아니다. 잠이 든 이후에 꿈으로라도 나타날 수 있다. 억압된 감정은 사라지지 않는다. 잠시 묻혀 있을 뿐 언제든지 꿈으로 나타날 수 있다.

당신이 현실 세계에서 털어놓지 못하는 감정, 생각은 이처럼 쉽게 사라지지 않는다. 최근에 자주 꾸는 꿈이 있다면 평소에 털어놓지 못하는 마음이 아닌지 생각해볼 필요가 있다. 그만큼 당신은 그 마음을 누군가에 털어놓고 싶은 욕구를 느끼는 것일 수 있다.

털어놓지 못하는 것은 감정만이 아니라 욕구가 될 수도 있다. 털어놓지 못한 욕구는 해결되지 않은 욕구다. 상담심리학의 게슈탈트 이론Gestalt theory은 이러한 해결되지 않은 욕구를 다루는 심리치료 기법이다. 이 이론을 따르면 해결되지 않은 욕구가 있는 사람은 불안, 우울, 공격성 등 부적응적 행동을 경험할 수 있다.

예를 들어 기분이 좀 안 좋을 때 '왜 그럴까?' 생각해볼 수 있다. 아침에 누군가에게 인사를 건넸는데 상대가 제대로 인사를 안 받아준 것이 지금까지도 무의식에 남아 신경이 쓰이는 것일 수 있다. 억울한 일을 당해서 그 당사자에게 따지고 싶었는데 업무가 바빠 그러지 못하고 무의식적으로 찝찝한 감정이 있는 것일 수 있다. 헤어진 연인을 아직 잊지 못했는데 아무리 잊으려 애써도 그 사람에 대한 추억이 무의식에 남아 괴롭히는 것인지도 모른다. 인사를 제대로 나누고 싶은 욕구, 따지고 싶은 욕구, 다시 만나고 싶은 욕구가 해결되지 않은 채 무의식에 남아 계속 신경이 쓰일 수 있다.

미국 미시간대학교 심리학과 에단 크로스Ethan Kross 교수는 '자신과의 거리두기Self-distancing'라는 이론에서 털어놓지 못한 욕구가 있을 때 경험할 수 있는 현상을 설명했다. 그 이론을 따르면 누군가에게 털어놓고 싶은 욕구가 있는데 그렇게 하지 못한다면 또는 안 한다면 그 욕구가 해결되지 않은 상태이다. 욕구가 표현되거나 실현되지 않은 채 남아 있으면 답답한 느낌, 제압받는 느낌을 받을 수 있고, 이는 더 나아가 좌절감과 분노를 일으킬 수 있다.

그러므로 뭔가 찝찝하거나 해결되지 않은 채 흘러가고 있다고 느낀다면 해결되지 않은 욕구가 있지는 않은지 생각해봐야 한다. 평소 욕구를 스스로 잘 살피고 알아내 적당히 해결하고 표현하는 노력이 중요한 이유다. 다른 사람에게 피해를 주지 않고, 윤리적·도덕적으로 문제가 없다면 풀리지 않은 욕구를 파악하고 이를 적극적으로 해소해야 한다. 그렇지 않으면 오늘 밤 꿈으로 찾아올지도 모르니 말이다.

최근에 자주 꾸는 꿈이 있다면, 그 꿈을 꾸고 나서 찜찜한 기분이 계속 든다면 한 번 생각해보기 바란다. 그것이 요즘 당신이 표현하고 싶어 하고 말하고 싶어 했던 최신의 욕구, 바람일 수 있다.

그가 방황한 진짜 이유

하고 싶은 말은 있는데 이를 들어줄 사람이 없다면? 하고 싶은 말은 많은데 이를 해소할 곳이 없다면? 뜻하지 않은 곳에서 부작용이 발생할 수도 있다.

심리상담사이자 작가인 야오야오는 자신이 쓴 《나도 모르는 내 마음의 심리법칙》에서 이런 이야기를 소개한다. 입원한 할머니 환자가 다른 병실을 자기 병실처럼 마구 드나들었다. 그러면서 환자들의 요청사항을 모아 의사나 간호사에게 전달하며 빨리 처리해달라고 닦달했다. 병원에서는 이 환자의 행동이 지나쳐 업무를 제대로 보기 힘들 지경이 되자 상담 의사를 보내 이야기를 들어보았다. 그리고 날마다 직원을 한 명씩 보내 그와 이야기를 나누게 했다.

그 환자는 매일 자신을 찾아오는 병원 직원에게 자기 이야기를 털어놓으면서부터 병실 나들이를 더는 하지 않았을 뿐 아니라 의사나 간호사를 닦달하지도 않았다. 그는 자기 마음의 응어리를 풀고 싶었기에 이야기를 들어줄 누군가가 필요했던 것이다. 이처럼 마음의 응어리가 있다면 말로 털어놓아야 풀린다. 마음의 응어리가 있다면 그것을 풀어줄, 이야기를 들어줄 누군가가 있어야 한다. 그런 사람이 주위에 있다면 그를 찾아가 털어놓으면 된다.

만약 주위에 쓸데없이 다른 사람 일에 참견하고 '배 놔라 감 놔라' 하는 사람이 있다면 잘 관찰해보기 바란다. 그가 원하는 것은 사람들 사이의 문제해결이 아닐지도 모른다. 앞에 소개했던 병원의 할머니처럼 그는 그 과정에서 말하고 싶은 자신의 욕구를 풀고, 자기 이야기를 누군가에게 전달하고 싶은 욕구를 푸는 것인지도 모른다. 그런 사람은 회사에 있을 수도 있고, 학교에 있을 수도 있다. 가깝게는 친구나 가족 중 한 사람이 그럴 수도 있다. 그러면 그 사람이 정말로 원하는 것이 무엇인지 잘 지켜보자. 문제는 의외로 쉽게 풀릴지 모른다.

안전하고 건설적인 방법으로 감정을 표현하는 것은 대인관계를 개선하고 심리적 안정감을 만들어내는 데 큰 역할을 한다. 이러한 관점에서 자기감정을 적절한 방법으로 털어놓는 것은 중요하다.

안나 오Anna O라는 여성은 명확한 의학적 이유를 알 수 없는 마비, 환각 증상을 겪고 있었다. 어떤 의학적 진단과 치료를 해보아도 그녀의 증상을 낫게 하는 데 도움을 줄 수 없었다. 그러던 중 심리치료사인 요제프 브로이어 Josef Breuer 박사를 만나면서 그녀의 증상은 급속도로 회복되었다. 브로이어는 프로이트와 함께 초기심리분석의 틀을 확립한 인물이다. 그가 시행한 방법은 '말하기 치료 Talking cure'였다. 그녀가 겪고 있는 증상과 그런 증상의 원인이 될 만한 경험을 마음껏 이야기하도록 한 것이다. 안나는 자신의 증상과 경험을 얘기하는 동안 증상이 완화되고 감정이 점차 원래 수준으로 돌아오는 것을 느꼈다.

이러한 안나 오의 사례는 정신분석과 말하기 치료의 발전 역사에서 획기적 사례로 언급된다. 자신의 심리적 문제에 귀를 기울일 누군가가 있는 것의 중요성과 자기 경험을 이야기하는 것의 중요성을 보여주기 때문이다. 이처럼 자신의 문제를 누군가에게 털어놓는 것만으로도 우리는 충분히 긍정적 효과를 기대할 수 있다.

주위에 이곳저곳 들쑤시고 다니는 사람이 있다면, 자꾸 어디가 쑤시고 아프다는 어른이 있다면 조용히 다가가 이런 말을 건네보면 어떨까?

"잘 지내셨어요? 오랜만에 차 한잔하실까요?"

털어놓지 못한 마음이
몸에 미치는 영향

"울화가 치민다."

"억장이 무너진다."

화가 몹시 나거나 비통한 감정을 느끼는 순간을 표현한 말이다. 이런 순간에 일어나는 감정을 밖으로 표현하지 않고 안으로 삭이기만 하면 어떤 일이 벌어질까? 심리학자 가보르 마테Gabor Maté는 "항상 억압되는 감정과 충족되지 않은 욕구는 신체를 통해 표현될 가능성이 크다"라고 말했다.

그의 말을 따르면 울화가 치밀고 억장이 무너질 때 이것을 적절히 털어내지 못하고 무조건 참거나 속으로 삼키기만 하면 분명 몸에 무리가 온다. '화병'이라는 말이 괜히 생겨난 것이 아니다. 물론 마음속 감정을 순간순간마다 표현하기에는 어려움이 있다. 그렇다고 계속 묻어두기만 하는 것도 좋지 않다. 마음속에서 터져 나오는 울분, 비통함, 우울감, 불

나를 치유하는 마음 털어놓기

안감 등을 표현하지 않고 무조건 숨기는 것이 능사는 아니다. 숨겨지고 억제된 감정은 깊은 곳에서 살아남았다가 신체를 망가뜨릴 수 있다.

마음과 신체가 연결되어 있음은 널리 알려진 사실이다. 자기감정을 마음속에 꽁꽁 넣어두기만 하면 신체에 부정적 영향을 준다는 것도 우리는 잘 알고 있다. 미국 스탠퍼드대학교 심리학과 제임스 그로스James Gross 교수와 동료 연구자는 '감춰진 감정'을 주제로 연구를 수행했다. 그 결과 습관적으로 자기감정을 억누르는 사람은 코르티솔cortisol 같은 스트레스 호르몬이 더 많이 분비되는 경향이 있었다. 코르티솔이 더 많이 분비된다는 것은 더 많은 스트레스를 느끼는 상태라는 뜻이다. 또한 면역체계를 약화해 심혈관 질환과 같은 건강 문제 발생 위험을 증가시킨다고 하였다.

스트레스를 줄이고 심혈관 질환을 예방하기 위해서도 부정적 감정은 더 잘 털어놓아야 한다. 그렇지 않으면 마음속에서 썩는다. 썩어 문드러지며 마음과 신체를 다치게 한다. 음식물쓰레기는 제때 비워내지 않으면 썩어서 고약한 냄새가 난다. 그뿐인가? 보고 싶지 않은 구더기도 생길 수 있다. 마음도 마찬가지다. 부정적 감정을 마음속에서 제때 꺼내지 않고 제때 비워내지 않으면 부정적 감정이 마음속에서 썩는다. 그래서 마음의 구더기가 나와 신체를 망가뜨릴 수 있다. 몸을 생각해서라도 마음속에 있는 이야기를, 하고 싶은 이야기를 제때 꺼내주고 표현해주는 노력이 중요하다.

공과금이나 범칙금 등을 기한이 지나서야 내는 사람이 있다. 아까운 돈을 내야 한다는 생각에 고지서를 쳐다보지도 않고 한쪽으로 치워둔다. 그러다 기한을 넘기고 나서야 연체료까지 얹어서 낸다. 하지만 당장 보기 싫다고 해서 마주하지 않으면 일이 더 커지고 복잡해지는 것 아닌가? 마찬가지로, 지금 내 안의 부정적 감정을 제대로 돌보고 처리하지 않으면 나중에 큰 고통을 겪을 수 있다. 당장은 다소 꺼내기 싫더라도, 다소 두렵더라도 감정을 제때 꺼내서 제대로 돌보자.

유명인 가운데도 감정을 털어놓지 못해 신체적 질병까지 겪은 이들이 있다. 미국의 제32대 대통령 루스벨트Franklin Roosevelt가 대표적이다. 그는 카리스마 있고 외향적인 리더십으로 유명하다. 그런 그가 오랜 기간 고혈압, 심장병 등 다양한 질병을 앓았다니 놀랍지 않은가? 그의 전기작가는 루스벨트가 자신의 걱정, 고민, 우울한 마음 등 부정적 감정을 다른 사람과 나누는 대신 혼자 이겨내려는 성향이 강했다고 들려주었다. 심리학자, 정신과 전문의들은 그가 겪었던 고혈압, 심장병 등 건강 문제가 심리적 문제를 혼자 해결하려고 했던 그의 성격 탓이라고 보았다.

나를 치유하는 마음 털어놓기

또 다른 사례는 스티브 잡스Steve Jobs이다. 그 역시 개인적 고민이나 부정적 감정을 다른 사람과 나누지 않는 것으로 유명했다. 그는 2003년에 췌장암 진단을 받았지만 수술을 거부하고 대체요법으로 췌장암 치료를 시작했다. 수술을 거부한 9개월 동안 그의 상태는 빠르게 악화되었다. 결국 수술을 받기로 했지만 이미 암이 다른 부위까지 전이된 상태였다. 많은 사람이 알고 있듯이 그는 2011년 56세로 세상을 떠났다. 물론 자신의 고민과 부정적 감정을 털어놓지 않는 성격이 췌장암의 결정적 원인이라고 할 수는 없다. 하지만 앞서 제시한 연구 결과와 루스벨트 사례 등으로 볼 때 그가 마음을 털어놓는 데 주저하지 않았다면 어땠을까 하는 아쉬움이 남는다.

심리학자 제임스 페니베이커James Pennebaker는 자신의 저서 《털어놓기: 감정을 표현하는 치유의 힘Opening Up: The Healing Power of Expressing Emotions》에서 다음과 같이 말했다.

"우리가 분노, 불안, 슬픔과 같은 감정을 피할 때 신체적 건강 문제 발생 가능성이 커진다."

그 역시 부정적 감정을 제대로 처리하지 못하면 신체적 건강 문제를 겪을 수 있음을 경고했다. 괴롭고 힘든 마음을 주위 사람에게 털어놓는 일은 건강과 관련된 중요한 문제일 수 있다.

불안하고 힘들고 괴롭고 답답한 일이 있을 때 이를 말하고 싶고 표현하고 싶은 마음은 자연스러운 욕구이다. 이러한 자연스러운 욕구를 억압하는 것은 자연스러운 마음에 저항하는 일로 문제가 된다. "저항하는 것은 지속한다"라는 심리학자 카를 구스타프 융Carl Gustav Jung의 말을 기억하자.

나를 치유하는 마음 털어놓기

누군가에게 털어놓고 싶은데
못 하면 생기는 일

고대 철학자 플라톤Plato은 다음과 같은 말을 했다고 전해진다.

> "당신이 만나는 모든 사람에게 친절해라. 당신이 만나는 사람 모두는 각자 자신만의 힘든 전쟁을 수행하고 있는 사람들이다."

그의 말처럼 당신이 만나는 모든 사람은 자신만의 고민이 있고 해결해야 할 문제가 있는 사람들이다. 겉으로는 아무렇지 않아 보이고 평화로워 보여도 그 고민을 해결하려 매일 자신만의 전투를 치르는 사람들이다. 그런 의미에서 우리는 모두 각자 삶의 전쟁에 참여한 군인이다. 그래서 누군가를 만나면 자신만의 전투를 치르는 사람이라 생각하며 따뜻하고 친절하게 대해야 한다.

여러분은 지금 어떤 전투를 치르고 있는가? 어떤 어려움을 가지고 어떤 마음을 털어놓고 싶은가? 나는 화나는 일을 겪었을 때, 분노가 치솟을 때, 억장이 무너질 때, 울화가 치밀어오를 때, 억울한 일을 당했을 때 누군가에게 그 마음을 털어놓고 싶어진다. 혼자서 그 감정을 감당하기가 힘들기 때문이다. 혼자서 삭이려 해도 쉽게 사그라지지 않는다. 비가 올락말락 하는 어느 토요일 오후였다. 혼자 운전하고 있었고, 방금 누군가와 전화로 다툰 뒤였다. 화가 나는데 참기 어려웠다. 속 깊은 곳에서 욕이 치밀어 올라 내지르고 싶었다.

"야 이 XXX아!", "이런 XXX."

순간 멍했다. 내가 이런 욕을 하다니….

혼란스러웠지만 얼떨떨하면서도 속이 시원했다. 차 안에 혼자 있었기에 그렇게 내지를 수 있었다. 잠시 고민하다 심리상담을 받고 있는 선생님에게 전화를 걸어 그 순간의 내 마음을 털어놓았다. 원래는 정식으로 상담시간을 잡고 상담시간에 털어놓는 것이 맞지만 그 순간 그런 것들은 들어오지 않았다. 당장 쏟아붓고 싶고 털어놓아야 했기에 내 말을 들어줄 누군가가 필요했다.

그렇게 선생님과 10분 정도 통화하니 감정이 좀 가라앉았다. 지금 생각하면 그 선생님에게 죄송스럽다. 갑작스레 전화해서 이 얘기, 저 얘기를 쏟아붓다니! 하지만 선생님 덕분에 감정을 추스를 수 있었다. 만약 그 상황에서 마음을 털어놓지 못했다면 어땠을까? 그 폭발하는 감정 앞에서 운전 중이던 나는 어떻게 되었을까? 생각만 해도 아찔하다.

폭발적으로 밀려오는 부정적 감정을 제대로 표현하지 못하면 스트레스, 불안감, 우울감이 상승한다. 이런 부정적 감정이 바깥으로 빠져나가지 못하고 안에 남아 무망無望감, 무기력감, 소외감 등의 원인이 될 수 있다. 이는 우울증을 겪는 사람들의 전형적 증상이다. 신체적으로도 마찬가지다. 바깥으로 빠져나가지 못하고 안에서 쌓이는 부정적 감정은 두통, 근육 경련, 수면 장애 등 신체에도 부정적 영향을 미친다는 연구 결과가 많다.

에버랜드 워터파크에 있는 거대한 물 폭탄 기구를 본 적이 있는가? 공중에 매달려 있는 커다란 물통이다. 그 위로 물이 조금씩 채워져 일정 시간이 지나면 그 무게로 순간 뒤집히며 물이 왕창 쏟아진다. 그러면 그 아래에 있던 사람들은 신나는 비명을 지르며 물을 맞는다.

그리고 다시 물이 채워지기 시작한다. 사람에게도 이런 물통과 같은 감정통이 필요하다. 평소 감정이 점점 쌓이는 통 말이다. 그 안에는 슬픔, 두려움, 공포, 우울감, 아쉬움, 미련,

억울함 등 다양한 감정이 쌓인다. 그러면 감정통은 조금씩 기울어진다. 워터파크 물통과 다른 점이 있다면 뒤집히기 전에 비워내야 한다는 것이다. 쓰레기가 넘쳐 흐르기 전에 쓰레기통을 제때 비워내야 하듯, 감정통에 부정적 감정이 넘쳐 흐르기 전에 비워내야 한다.

평소에는 조용하다가도 폭발하듯 갑자기 화를 내는 사람들이 있다. 평소 감정통을 제대로 비우지 못한 사람이다. 일상의 부정적 감정을 제때 조금씩 덜어내지 못하는 좋지 못한 습관이 있는 것이다. 감정을 평소에 조금씩 덜어내는 가장 좋은 방법은 말하며 털어놓기다. 우울하면 우울한 대로, 슬프면 슬픈 대로, 화가 나면 화가 나는 대로 조금씩 말로 털어놓아야 한다.

괴테의 소설 《젊은 베르테르의 슬픔》에는 다음과 같은 대사가 나온다.

> "인간의 본성에는 한계가 있습니다. 기쁨도 고민도 괴로움도 어느 정도까지는 참아내지만 그 정도를 넘으면 순식간에 파멸합니다."

사람이기에 참는 데는 한계가 있을 수밖에 없다. 부정적 감정을 쌓아두기만 하면 언젠가는 터진다. 그래서 우리에게

나를 치유하는 마음 털어놓기

는 규칙적인 감정 배출이 중요하다. 이렇듯 감정 표현은 우리의 정서 상태를 표현하고 해소하는 좋은 방법이다. 억압된 감정을 적절하게 표현하는 것은 안정감 형성에도 도움이 된다. 그 과정에서 우리 자신을 더 잘 이해하게 되고, 주변 사람들과 더 깊은 친밀감도 형성할 수 있다.

우리 집은 일주일에 한 번 재활용 쓰레기를 내다 버릴 수 있다. 이처럼 자신만의 감정 배출 요일을 정해놓고 그때마다 그동안 쌓인 감정을 털어놓는 시간을 마련하면 어떨까? 친구와의 대화, 통화, 문자도 상관없다. 운동, 등산, 댄스, 노래와 같은 취미 활동도 좋겠다. 이런 활동을 하는 구체적 방법은 뒤에서 다시 설명한다. 중요한 점은 나쁜 감정이 안에서 쌓이지 않도록 제때 배출해야 한다는 것이다. 그렇지 않으면 더 흉측한 모습으로 쏟아져내릴 수 있다.

함부로 눈물을 보이면
안 된다고요?

자신의 속마음과 감정을 드러내는 것을 주저하게 만드는
데는 한 사람의 기질, 성격, 가정·성장환경 등 개인적 요인뿐
만 아니라 그가 속한 사회의 구조, 문화, 분위기 같은 공통
적 요인도 있다. 이러한 대표적 공통 요인 중 하나가 '체면'
이다. 국어사전 풀이를 보면 '체면體面'은 남을 대하기에 떳떳
한 도리나 얼굴이라고 한다.

"내가 그래도 팀장인데 체면이 있지 이런 고민을 팀원한테 어
떻게 털어놓겠어?"
"내가 선생님인데 이런 고민을 제자한테 털어놓으면 선생님으
로서 면이 안 서지."
"내가 우리 집 가장인데 약한 모습을 식구들한테 보여줄 수는
없지."

이런 생각은 모두 체면이 걱정되어 고민 털어놓기를 주저하게 만든다. '남자는 약한 모습을 보이면 안 된다'는 사회적 인식도 이런 관점에서 이해할 수 있다. 남자가 힘들어하는 모습을 보이거나 괴로운 마음을 털어놓는 것은 약한 모습, 남자답지 못한 행동이라는 사회적 편견이다.

심리학의 사회화 이론Socialization theory을 보면, 성별에 따른 사회적 기대감은 자신의 감정을 표현하는 방식에 영향을 미친다. 예를 들어 여성은 정서적 표현을 하도록 동기부여 되고, 사회적 도움을 찾는 데 발달해 있는 반면, 남성은 감정 표현에서 냉정하고 독립적인 모습을 보이도록 사회화되어 있다는 것이다. 어쩌면 나를 포함한 많은 남성이 자기감정을 드러내는 데 주저하는 것은 이러한 사회적 기대와 역할 때문일 수 있다.

나만 해도 어릴 때 이런 얘기를 자주 들었다. "남자는 일생에 딱 3번만 울어야 한다. 태어날 때, 군대 갈 때, 부모님 돌아가셨을 때." 이런 말을 들으며 자랐기 때문일까? 남자는 우는 모습을 보여주어서는 안 되고, 항상 강한 모습만 보여주어야 한다는 부담이 있었다. 물론 최근엔 그런 인식이 예전보다 줄고 있지만 그래도 생각은 남아 있다. 이처럼 사회적 분위기, 인식과 같은 문화적 요인은 개인의 마음을 털어놓을 용기에도 영향을 준다.

그런데 이것이 맞을까? 체면을 지켜야 한다는 생각 때문에, 남자는 눈물을 보이면 안 된다는 생각 때문에 속마음을 숨기기만 하는 것이 과연 옳은 일일까? 그렇지 않다. 그것은 결국 자기 마음과 신체를 해치는 일이다. 체면을 차리고 사회적 인식을 따른다고 해서 내 마음속에 남아 있는 고통을 보상해주지는 않는다. 아무도 책임져주지 않는다. 털어놓고 싶은 마음은 어떻게든 털어놓아야 한다. 체면을 차리고 남성의 감정 표현을 절제하는 문화가 내 마음의 평온함을 돌봐주지 않는다.

발설하지 못해서 생긴 우리의 정서 중 하나가 한이다. '가슴속에 한이 쌓였다', '마음속에 한이 있다'고 말할 때의 그 '한限'이다. 한은 표현되지 않은 감정이다. 배출되지 못하고 속으로 삭여진 감정이고 응어리이다. 제대로 표현되지 않거나 처리되지 않은 감정의 답답한 부산물이다. 어르신들이 저마다 하나씩 가슴속에 지닌 한은 이처럼 자기감정을 함부로 표현하지 못했던 우리의 문화에서 생겨난 것은 아닐까?

남자는 아직도 힘든 감정을 쉽게 드러내면 안 된다고 생각하는가? 남자로서 우는 모습을 보여주는 건 꺼려지는 일인가? 그렇지 않음을 이제는 알아야 한다. 용기를 내자. 체면을 중시하는 사람이라고 해서 털어놓고 싶은 마음이 없는 것이 아니다. 남자라고 해서 힘든 일이 없는 것이 아니다.

나를 치유하는 마음 털어놓기

체면을 느낄 만큼 높고 중요한 위치에 있어서, 남자라는 이유로 보여줘야 하는 역할 때문에 그들은 더 슬프고 힘들 수 있다. 더 많이 털어놓고 더 많은 응원을 받아야 하는 사람들이다.

당신이 눈물을 보이는 순간, 그 누구도 당신을 약하다고 생각하지 않는다. 당신이 털어놓는 괴로운 마음을 보고 그 누구도 당신을 모른 척하지 않는다. 대부분 사람은 그러한 행동을 진솔하고 바람직하다고 본다. 누군가가 눈물을 흘리는 모습은 오히려 상대에게 긍정적이고 바람직한 행동으로 인식될 수 있다. 이는 우는 행위가 자연스럽고 건강한 감정의 표현이기 때문이다. 긴장을 풀어주고 감정 조절을 하는 데 도움이 될 수 있기 때문이다.

그러니 체면이 있다는 이유로, 남자라는 이유로 마음 털어놓는 일을 더는 주저하지 말자. 괴로운 일이 있을 때 눈물이 날 것 같다면 그냥 울자. 아무도 당신을 비난하지 않는다. 누구라도 안쓰러운 마음이 들어 도와주려 할 것이다. 처음이 힘들지 나중에는 힘들지 않다. 일단 그렇게 해보면 별것 아니라는 사실을 깨닫게 될 것이다. 이렇게 많은 사람이 자신을 응원한다는 사실을 알게 될 것이다.

표현하지 않으면 당신이 얼마나 힘든 일상을 사는지, 어떤 것 때문에 괴로워하는지 알지 못한다. 그러니 마음껏 표현해라. 마음껏 울어라. 눈물은 흘리라고 있는 것이다. 그렇게 마음을 표현하고 나면 분명히 얻는 것이 있다. 그 경험을 해보고 무엇을 얻었는지 나에게 말해주면 좋겠다.

나를 치유하는 마음 털어놓기

오늘은
어떤 얘기를 해보고 싶은가요

"누구나 꺼내놓고 싶은 이야기가 있다."

유명 방송인 오프라 윈프리Oprah Winfrey가 한 말이다. 그녀
의 말에 공감한다. 누구나 하고 싶은 얘기가 있다.

심리학자 에이브러햄 매슬로Abraham Maslow가 주장한 동기
와 성격의 이론Theory of Motivation and Personality을 따르면, 우리
에겐 우리 생각과 감정을 다른 사람에게 표현하고 전달하
고 싶어 하는 기본 욕구가 있다. 이러한 욕구는 누군가와 연
결되고 싶은 욕구, 자기 생각을 검증받고 싶은 욕구, 타인에
게 이해되길 바라는 욕구와 연결되어 있다.

하지만 이러한 욕구의 충족은 현실에서는 생각만큼 쉽지
않다. 연락하고 싶은데 상대방이 어떤 이유로 연락이 안 닿
을 수도 있고, 타인의 공감을 사지 못하거나 의견을 구하기
어려운 생각도 있기 때문이다. 이러한 이유로 어떤 사람들은

다른 사람과 연결되거나 마음 털어놓기를 포기한다. 하지만 그 경우에도 자기 이야기를 꺼내놓고자 하는 욕구는 없어지지 않는다.

이 책을 읽고 있는 당신도 마찬가지다. 지금 이 순간 하고 싶은 얘기가 분명 있다. 어젯밤 연인과 다툰 얘기, 배우자에게 당한 억울한 얘기, 금리가 갑자기 너무 올라 대출이자가 걱정인 얘기, 회사에서 잘 맞지 않는 팀장님과 불편한 얘기, 최근 아픈 곳이 자꾸 생겨 신경이 쓰이는 얘기, 부모님에게 드릴 용돈이 충분하지 않아 걱정되는 얘기 말이다.

심리상담을 몇 회 진행했다면 상담을 시작할 때 나는 이런 질문을 종종 한다.

"오늘은 어떤 이야기를 해보고 싶으세요?"

그럼 내담자들은 한결같이 "오늘은 말이죠" 하고 얘기를 꺼낸다. 지난번과 비슷한 얘기를 하는 분도 있지만 새로운 얘기를 하는 이들도 많다. 이는 사실 심리상담이라는 특정한 상황에서만 적용되는 것은 아니다. 일상생활에서 마주치는 누구라도 그 순간 털어놓고 싶은 얘기는 있다. 단지 쉽게 털어놓지 못할 뿐이다.

그러니 주변인 누군가 표정이 어두워 보인다면, 뭔가 할 말이 있는 것 같다는 생각이 든다면 먼저 물어봐도 좋다. "요즘 표정이 안 좋아 보이는데 무슨 일 있으세요?"라고 말이다. 회사에서 잠시 함께 차 한잔을 마실 때, 잠깐 틈이 나서 누군가와 메신저로 대화를 주고받을 때, 이동하는 차 안에서 물어볼 수 있다. 그런 질문을 받은 사람이 속마음을 털어놓느냐 마느냐는 그의 선택 사항이다. 당신이 털어놓기에 안전한 사람으로 보이고, 그럴 만한 시간도 된다면 자기 속마음을 얘기할 것이다.

사람은 어떤 정보를 접했을 때 중앙 경로와 주변 경로로 이를 처리한다. 중앙 경로central route는 정보를 깊고 섬세하게 다룰 때 쓰이고 주변 경로peripheral route는 정보를 얕게 전체적으로 다룰 때 쓰인다. 이런 관점에서 상대방이 자신의 감정, 정서, 느낌, 생각을 더 잘 들여다보고 표현하도록 유도하려면 중앙경로가 유리하며 중앙경로를 사용하도록 유도하는 질문이 바로 개방형 질문이다. 개방형 질문을 예로 들면 다음과 같다.

"오늘 학교 재밌었어?" → "오늘 학교 어땠어?"

"이번 여행 재밌었나요?" → "이번 여행 어땠어요?"

"안색이 안 좋아 보이는데 몸이 아프니?" → "안색이 안 좋아 보이는데 혹시 무슨 일 있니?"

이런 열린 질문은 상대방의 자유롭게 답변하고 싶은 욕구를 자극한다. 상대방이 자유롭게 대답할 수 있다면 속마음을 더 많이 보여줄 수 있다. 이처럼 상대방이 자기 마음을 보여주도록 하는 데는 개방형 질문이 효과적이다. 오프라 윈프리, 유재석과 같은 성공한 진행자들은 개방형 질문을 하고 상대에게서 자연스럽게 이야기를 끌어내는 능력이 뛰어난 것으로 유명하다. 알아두면 도움이 될 상대 마음 열어젖히기 질문 몇 가지를 소개한다.

> "괜찮아. 네가 그 상황에서 어떤 느낌이 들었든 그건 네 자유야. 그것 자체로 문제가 되지는 않아. 네가 당시 어떤 마음이었는지 내게 이야기해주지 않을래?"
>
> "그때 그 말을 듣고 어떤 생각(느낌)이 들었나요?"
>
> "왜 그렇게 느끼는지 좀 더 말해줄래요?"
>
> "요즘 표정이 어두워 보이는데, 혹시 하고 싶은 얘기가 있을까요?"
>
> "요즘 네가 많이 힘들어 보인다는 얘기를 듣고 걱정이 돼서 찾아왔어. 혹시 내가 도움이 될 건 없을까 하고…."

이런 질문을 들은 상대는 속마음을 당신에게 보여줄 가능성이 크다. 그럼 당신이 할 일은 들어주는 것뿐이다. 이따금 고개를 끄덕이며 위로와 응원을 건네면 된다. 그럼 그는 당신에게 말할 수 없을 만큼 큰 고마움과 호감을 느낄 것이다. 누군가의 마음을 얻으려면 값비싼 선물을 주는 것보다 상대의 이야기를 끌어내고 들어주는 것이 훨씬 의미 있고 강력하다.

누구에게나 건들면 터지는
마음의 '봇물'이 있다

"감정은 대화의 연료이다."

심리학자 롤로 메이^{Rollo May}가 한 말이다. 분노가 터져 나오는 순간, 억울함이 치솟는 순간, 너무나 기다리던 기쁜 소식을 듣는 순간, 너무나도 황당한 일을 겪은 순간, 짜증이 솟구치는 순간 우리는 침묵하기 힘들다. 그 감정을, 그 느낌을 발산하지 않고는 버티기 힘들다. 속으로만 끌어안고 있기엔 고통스럽기까지 하다. 이럴 땐 그 감정과 마음을 표현하는 것이 자연스럽다. 자연스러운 것에는 긍정적 효과가 있다. 자연스럽게 흘러나오는 감정의 대화는 뇌에서의 변화도 유발한다.

감정적 대화는 뇌에서 도파민 분비를 촉진한다. 도파민은 동기^{Motivation}, 즐거움, 보상과 관련된 신경전달물질이다. 감정의 대화를 할 때 우리 뇌는 그 대화를 흥미롭고 의미 있게 받아들이기 때문이다. 도파민이 분비되면 더 큰 기쁨과 만족을 느낄 수 있으며, 이로써 그 대화를 지속하고 싶은 욕구가 자극을 받는다.

나는 오래 통화하는 것을 그다지 좋아하지 않아 전화를 해도 용건만 간단히 하는 편이다. 그런 내가 별 용건 없이 몇 시간 통화해본 적이 있다. 20대 초반에 여자친구와 전화 통화한 것이다. 당연한 얘기지만 이는 그녀에게 감정이 있었기에 가능한 일이었다. 그녀에 대한 내 감정이 넘쳐흐르던 시기였다.

통화를 오래 하면 휴대전화기가 뜨거워질 수 있다는 사실을 그때 처음 알았다. 밤에 시작된 통화는 그다음 날 새벽까지 이어져 전화기를 충전해가며 통화했다. 그리고 통화를 끝내자마자 지하철 첫차를 타고 만났다. 감정적 대화에는 이렇게 몇 시간이고 지속할 수 있는 힘이 있다. 감정이란 이처럼 강력하다.

이렇게 감정이 실린 이야기는 한번 시작되면 멈출 줄 모른다. 봇물 터지듯 계속 흘러나온다. 그런 의미에서 감정이 건드려지면 터져 나오는 이야기를 나는 '봇물 이야기'라고 이름 붙였다. 봇물 이야기는 최근에 겪은 일과 같은 일시적 소재일 수도 있고, 오랜 시간 겪어온 한恨과 같은 평생의 화두일 수도 있다.

봇물 이야기는 일상생활에서 예상치 못한 순간에 건드려지기도 한다. 건드려지면 자기도 모르게 마음이 폭발해 마구 털어놓게 된다. 예전에 근무하던 조직의 한 선배로부터 밤늦게 전화가 왔다. '갑자기 무슨 일이시지?' 생각하며 전화를 받았다.

나: 형님, 이 시간에 어쩐 일이세요? A 영업점에서 B 영업점으로 옮기니까 좀 어떠세요? 할 만하세요?
선배: 여기 완전 개판이야. 완전 쓰레기야. 쓰레기 중 최고 쓰레기야.

그 선배는 회사 일로 힘들어하고 있었다. 점점 떨어지는 매출, 점점 떠나는 인력들, 점점 박해지는 처우, 점점 많아지는 업무, 승진 탈락 등으로 괴로운 시간을 보내고 있었다. 선배는 그때 내 생각이 나서 전화를 했고, '안부를 묻는 말'에 그동안 쌓인 감정이 봇물 터지듯 터져 나온 것이다. 한 20분 동안 계속된 통화가 끝나갈 무렵 선배가 내게 말했다. "그냥 생각나서 전화해봤다. 들어주어서 고맙다."

최근 후배가 불쑥 톡으로 하소연을 했다. 30대 후반인 후배는 아침 출근길에 회사 엘리베이터에 타고 있었다. 젊은 남녀가 후배 뒤에 서 있었는데 둘은 사내 커플로 보

나를 치유하는 마음 털어놓기

였다. 엘리베이터 안에는 그렇게 그 커플, 후배 셋이 있었는데, 놀라운 일이 벌어졌다. 그들이 애정행각을 시도한 것이다. 그것도 매우 민망한! 남자가 여자의 엉덩이를 만지고, 여자는 남자 상체의 민감한(?) 부위를 쓰다듬고 있었다. 후배는 앞에 있었지만 문에 반사되는 모습으로 그 상황을 충분히 알 수 있었다. 후배의 눈살은 당연히 찌푸려졌고 이런 생각이 들었다.

'뭐지? 이 ××들은? 내가 있는 게 안 보이나?'

후배는 그 모습을 보고 일부러 언짢은 티를 냈다. 헛기침도 해보고, 몸도 이리저리 움직여봤다. 그만하라는 무언의 압력이었다. 하지만 그들은 아랑곳하지 않았다. 그들은 후배 뒤에서 몇 초 동안 더 애정행각을 이어갔고, 결국 여자가 먼저 내리면서 상황이 종료되었다. 그 모습을 고스란히 지켜본 후배는 몹시 화가 났다.

후배는 수치스러운 느낌, 무시당했다는 느낌이 들어 분노가 끓어올랐다. 아침 출근길부터 그 감정을 그대로 가지고 사무실 안으로 들어가기 어려웠다. 그때 내가 생각이 나서 톡으로 그 상황과 자신의 감정을 마구 털어놓은 것이다. 후배는 엘리베이터에서 감정이 건드려졌고, 그 감정을 털어놓고 싶어 톡으로라도 내게 그렇게 풀어낸 뒤 사무실로 들어갈 수 있었다. 그렇게라도 하지 않았다면 그러한 감정이 언제 어디서 터졌을지 모른다. 엉뚱한 사람에게 짜증을 부렸을 수도 있고, 누군가의 농담에 민감하게 반응했을 수도 있다.

얼마 전 뉴스에서 일제강점기 때 강제동원된 위안부 할머니 한 분이 돌아가셨다는 소식을 들었다. 일본의 제대로 된 사과를 받지 못하고 돌아가신 할머니 생각에 가슴이 먹먹해졌다. 그분들에게는 그 시절의 경험과 이야기가 평생의 봇물 이야기가 아니었을까 싶다. 평생의 한이 되어 언제 어디서든 누구에게나 얘기하고 싶었던, 평생 털어놓고 싶었던 이야기일 것이다.

누구나 하고 싶은 이야기가 있다. 그런 순간에 마음을 나눌 사람이 주위에 있는가? 그렇다면 당신은 행운아다.

나를 치유하는 마음 털어놓기

속 깊은 이야기를
잘하지 않는 사람의 특징

마음 털어놓기를 유난히 힘들어하는 사람들이 있다. 이러한 사람들의 특징은 무엇일까? 몇 가지 측면에서 생각해 볼 수 있겠다.

첫 번째, 다른 사람을 잘 믿지 못한다. 이런 사람은 자기 이야기를 잘 털어놓을 수도 없다. 그렇게 했다가 나중에 뒤통수를 맞을 수 있다고 생각하기 때문이다. 자기 이야기가 누군가에게 전해져 공공연한 소문이 되거나, 누군가 그 점을 악용해 자신에게 피해를 줄 수도 있다고 생각하기 때문이다. 이해가 간다. 실제로 그런 경험이 있다면 더 조심스러울 수 있다.

당신도 이런 비슷한 이유로 마음 털어놓기를 주저할 수 있다. 그럴 땐 어떻게 하면 좋을까? 작은 시작을 해보는 것이다. 즉 작게 털어놓아 본다. 이때 민감하고 중요한 소재 말고 덜 민감하고 덜 중요한 것부터 꺼내 털어놓아 보자. 어제는 어떤 활동을 했고, 어떤 드라마를 보았고, 어떤 생각을 했고, 어떤 음식을 먹을 때 어떤 생각이 났는지 말해보는 것이다. 자기 생각과 마음을 가볍게 공유해보는 것이다. 사소한 것을 나눌 수 없는 사람은 중요한 것도 나눌 수 없다. 일단 나눈다는 것이 중요하다. 작은 시도가 큰 용기를 준다.

두 번째, 자신에 대한 다른 사람의 생각과 판단을 두려워한다. '내가 그 상황에서 그런 감정을 느꼈다고 하면 나를 싫어하지 않을까?', '내가 그때 기분이 좋았다고 하면 나를 이상하게 보진 않을까?', '이런 일로 힘들어한다고 하면 내가 너무 약하다고 생각하지 않을까?' 같은 걱정을 한다. 타인의 평가나 생각에 민감한 사람은 마음 털어놓기를 주저할 수 있다. 이럴 때는 이런 생각을 하는 것이 좋다.

'상대는 내 속마음을 듣고 나를 평가하지 않는다. 진심으로 나를 도와주고 싶어 할 것이다.'

왜 그런지는 처지를 바꾸어 생각해보면 알 수 있다. 누군가가 당신에게 고민을 털어놓았을 때 당신은 어떤 생각이 드는가? 상대의 고민 자체를 부정하는가? 그렇지 않을 것이다. 이해할 수 없는 고민일지라도 어느 정도 들어주고 공감해주려 할 것이다. 상대가 힘들어하는 이야기를 털어놓을수록 당신도 고통을 느낄 수 있다.

독일 막스플랑크 인간개발연구소의 타니아 싱어^{Tania Singer} 박사와 동료 연구자들이 수행한 연구 결과를 따르면, 누군가가 힘들어하는 모습을 보는 사람의 뇌에서는 자신이 신체적 고통을 받을 때 활성화되는 부위가 똑같이 활성화되었다. 이처럼 우리 뇌는 타인의 고통을 그냥 넘기기 어렵게 설계되어 있다. 그것이 사람의 마음이다. 이 점을 참고하여 타인에게 평가받는다는 두려움보다는 위로받을 수 있다는 자신감을 가지자. 그도 당신과 같은 고통을 느끼는 당신 편이다.

세 번째, 독립성이 강할 수 있다. 심리적 자립도가 높고 문제를 스스로 해결하기를 선호하는 사람은 도움을 구하거나 고민을 다른 사람과 나누는 행동을 꺼릴 수 있다. '말해봤자 뭐 해? 어차피 내 문제는 내가 해결해야 하는데' 하는 생각 때문이다. 물론 자신이 해결해야 하는 것이 맞다. 하지만 털어놓다 보면 문제해결에 도움이 되는 때가 분명 있다. 속을 터놓는 과정에서 뜻밖의 좋은 방법, 해결책이 떠오를 수도 있다. 꼭 어떤 해결책을 바라는 것이 아니라 말하는 것 자체로 스트레스와 불안 수준을 낮출 수 있다. 처음부터 혼자 고민하고 해결하려는 것보다는 확실히 나은 시도이니 안 할 이유가 없다.

네 번째, 수줍음을 잘 탄다. 내향적 성향을 지녔거나 사람들과 대화하기 어려워하는 사람은 자기 마음을 꺼내놓기가 힘들 수 있다. 대화 자체를 어려워하는데 자기 이야기를 털어놓기는 당연히 더 어렵다. 그럼 어떻게 하는 게 좋을까? 그래도 불편한 감정과 마음을 말할 용기를 내야 한다. 사실 그러한 용기는 큰 결심이 필요하지 않다. 앞서 말했듯이 사소한 것부터 시작하면 된다. 당신이 자기 이야기를 너무 꺼내지 않아 사람들이 오히려 거리감을 느낄지도 모른다. 주위 사람은 당신이 좀 더 용기를 내길 바랄 수 있다.

그렇다고 내향적 성향 자체를 바꾸려고 애쓸 필요는 없다. 한 번 태어난 기질temperament은 변하지 않기 때문이다. 하지만 수줍어하는 사람도 고민을 털어놓을 수 있다. 반드시 대화로 할 필요도 없다. 마음에 올라오는 감정, 털어놓고 싶은 생각을 몇 문장으로 옮겨도 생각과 감정을 정리하는 데 도움이 된다. 온라인 익명 게시판을 이용하는 것도 방법이다. 이런 구체적 방법은 뒤에서 좀 더 자세히 소개한다.

마음을 털어놓는 것도 분명 용기가 필요한 일이다. 하지만 작은 용기면 된다. 작고 꾸준하게 시도하다 보면 마음을 털어놓는 것이 그렇게 어렵지 않게 느껴질 때가 분명히 온다. 한번 해보면 알 수 있다. 막상 해보면 '왜 지금껏 혼자서만 담아두려 했을까? 왜 진작 털어놓지 않았을까?' 하는 생각이 든다.

　마음을 털어놓는 일은 해봐서 잃은 것 없는 가성비 최고의 마음 관리법이다. 속 깊은 얘기를 잘하지 않는 사람에서 적절하게 조금씩 털어놓는 사람으로 변신할 시간이다.

2장

마음을 털어놓는 것이
나를 치유할 수 있는 이유

가까운 사이라고 해서
상대 마음을 저절로 아는 것은 아니다

20대 초반 대학생 T씨는 욱하는 성격을 고치고 싶어 했다. 평소에는 괜찮은데 술만 마시면 그런 경향이 있었다. 그러다 술자리에서 친한 친구와 주먹다짐까지 했다. T씨가 방학 중 인턴으로 근무하던 회사에서 해고당한 일을 그 친구가 술자리에서 재미 삼아 꺼낸 것이다.

"네가 일을 못해서 그래. 나는 네가 잘릴 줄 진작에 알았다."

평소에도 그 친구는 T씨를 종종 놀리곤 했다. 물론 그만큼 친했기에 가능한 일이었다. 그때마다 T씨는 화가 나고 기분이 나빴지만 그런 감정을 친구에게 표현해봤자 좋을 게 없다고 생각해 참았다. 하지만 그 친구는 몇 번 놀렸는데 별 반응이 없으니 '괜찮은가 보다'고 생각했다. 결국 그렇게 둘은 주먹다짐까지 했다. 그들은 나중에 화해했고, 그 친구는

T씨에게 이런 부탁을 했다.

"화가 나면 표현을 해줘. 네가 그동안 그걸로 기분 나빴을 줄 몰랐어."

표현하지 않으면 상대방의 생각과 감정을 정확히 알아채기 어렵다. 다른 사람의 생각과 감정은 그야말로 그 사람 것이기 때문이다. 아무리 친한 사이라도 말을 하지 않는데 무슨 수로 알겠는가? 친구라고 해서 저절로 아는 것도 아니다. 만약 T씨가 친구에게서 그런 농담을 들었던 초반에 자신의 감정과 기분을 조금이라도 표현했다면 어땠을까?

"친구야. 네가 나를 편하게 생각해서 그런 식으로 말하는 건 알겠는데, 솔직히 기분이 좋지 않다. 그런 농담은 하지 않았으면 좋겠다."

그랬다면 친구는 T씨 마음을 알아차렸을 테고, T씨도 그 정도로 감정이 쌓이진 않았을 것이다. 감정이 쌓이지 않으면 욱할 일도 없다. 놀린 사람이 잘못했지만 그냥 참은 사람에게도 책임이 있다. 그러니 친한 사이일수록, 가까운 사람일수록 솔직한 마음을 보여줘야 한다.

우리는 가깝다는 이유로 다음과 같은 착각을 한다.

"남편이니까 굳이 말하지 않아도 내 마음을 알겠지."

"몇 년을 봐온 친구인데 굳이 표현 안 해도 내 심정이 어떤지

나를 치유하는 마음 털어놓기

헤아리겠지."

"같은 팀 동료인데 이 상황에서 내 기분이 어떨지 알겠지."

하지만 절대 그렇지 않다. 상대가 남편이고, 친구이고, 직장 동료라고 해서 내 마음을 자동으로 알지는 못한다. 표현하지 않으면 알 수 없다.

심리학에서 투명성의 착각Illusion of transparency은 내 감정을 다른 사람이 잘 알고 있다고 과대평가하는 심리적 현상을 말한다. 내 마음이 투명한 유리병에 담겨서 다른 사람들이 내 마음을 잘 들여다볼 수 있다고 생각하는 것과 같다. 우리는 이런 착각에서 벗어나야 한다.

가까운 사이라면 더 솔직히 표현해야 한다. 적절한 범위에서 자신의 감정과 느낌을 자유롭게 표현할 수 있는 사람, 그것이 진정한 의미의 지인知人 아닐까? 그런 의미에서 지인은 단순히 '아는' 사람이 아니라 상대의 '감정과 마음'까지 아는[知] 사람이다.

이는 부부 관계에서도 마찬가지다. 단지 아는(?) 남편, 아는 아내(?)라는 이유로 저절로 마음이 보이지는 않는다. 30대 부부가 있었다. 그들은 어떤 이유로 대화 나누기를 어려워했고, 점차 거리가 멀어지는 것을 느꼈다. 부부가 같이 상담실을 찾아와 상담에서 자기 생각과 느낌을 솔직하게 표현하는 법을 배웠다.

자기감정과 생각을 상대에게 털어놓기가 처음에는 쉽지 않았다. 하지만 배운 것을 상담실과 상담실 밖에서 꾸준히 연습했다. 약 3개월 동안 노력한 결과 그 부부는 다시 친밀감을 느끼게 되었다. 그 과정에서 이들은 부부라도 털어놓는 노력을 해야 한다는 사실을 깨달았다. 이처럼 털어놓는 부부 사이도 저절로 되는 것이 아니다. '남편이니까 내 마음을 알겠지', '아내이니까 말 안 해도 알겠지'라는 생각은 그릇된 희망이다. 노력이 없다면 그런 희망은 실망으로 바뀔 수 있다.

연인 사이에서도 마찬가지다. 20대 후반 여성 H씨는 우울감과 불안감으로 힘들어했다. 그녀는 그러한 감정을 연인에게 솔직히 털어놓지 못했다. 굳이 말하지 않아도 눈치껏 먼저 말을 꺼내주길 바랐기 때문이다. 하지만 남자친구는 H씨의 속마음을 알아채지 못했다. H씨는 그런 남자친구가 원망스러웠고 점점 더 말을 안 하게 되었다. 남자친구는 이유 없이 말도 없어지고 자신을 피하기만 하는 H씨를 보며 서운함을 느꼈다.

둘은 점점 멀어져 갔다. 혼자서 더는 감당하기 힘들었던 그녀는 결국 이별할 각오를 하고 그동안 힘들었던 속마음을 남자친구에게 털어놓았다. 그녀는 그 순간 뭔가 해소되는 느낌을 받았다. 남자친구도 처음에는 놀랐지만 곧 그 마음을 이해했고 정서적·현실적 도움을 아끼지 않았다. 이후 둘 사이는 더 가까워지고 서로에게 각별한 연인으로 남았다.

이처럼 가까운 사이일수록 생각과 마음을 알려줘야 한다. '엄마니까, 친구니까, 후배니까, 남자친구니까 내 마음을 잘 알겠지' 하며 큰 기대를 하지는 말자. 기대가 큰 만큼 실망도 큰 법이다. 제대로 표현하지 않는 이상 그들이 당신 마음을 제대로 알 리 없다. 가까운 사이일수록, 친하다고 생각하는 사이일수록 자신의 감정과 생각을 솔직히 털어놓는 연습을 하자. 마음을 나누면 가까운 사이가 더 가까워진다.

죽고 싶은 생각이 든다면

군 복무 중인 L병장과 상담한 적이 있다. 그는 상담 일주일 전부터 죽고 싶은 마음뿐이었다. 한밤에 건물 3층으로 올라가 투신하려고 계획했음을 상담 도중 알게 되었다. 그는 후임병들에게 장난했던 일이 문제가 되어 징계 대기 중이었다. 전역이 한 달 남은 시점에서 그런 일을 겪으니 심적 고통이 컸던 듯하다. 나름대로 열심히 해왔던 지난 군 생활이 한순간 무너진 것처럼 느꼈다. 죄책감을 혼자서 이겨내 보려고 했는데 그게 쉽지 않았다. 이상한 낌새를 느낀 간부가 나에게 상담을 의뢰했고, 그 상담에서 그는 그런 마음을 나에게 처음 털어놓았다. 나는 그가 죽고 싶었던 마음을 이해해 주고 마지막에는 이런 말을 주고받았다.

나: 물론 그런 행동이 잘했다고는 할 수 없지만 그렇다고 목

나를 치유하는 마음 털어놓기

숨과 바꿀 만큼 심각한 범죄행위라고 할 수는 없지 않나요?

　L병장: 네. 그 정도는 아닌 것 같습니다.

　나: 혹시 지금도 죽고 싶다는 생각이 드나요?

　L병장: 아닙니다….

누구나 살면서 실수할 수 있다. 누구나 죽고 싶을 때가 있을 수 있다. 사랑하는 사람에게 버림받았다는 생각이 들 때, 빚 문제가 해결책이 보이지 않을 때, 가족의 불화가 끊이지 않을 때, 배우자가 수년간 바람을 피워왔다는 사실을 알게 되었을 때, 사랑하는 사람을 잃었을 때, 자식 때문에 마음에 큰 상처를 받았을 때, 억울한 일로 회사에서 해고되었을 때, 자신의 대한 소문으로 괴로울 때, 아무리 이력서를 내봐도 면접 한 군데 볼 수 없을 때, 미래가 막막할 때 죽고 싶다는 생각이 들 수 있다. 죽고 싶을 만큼 힘들 때 죽고 싶은 생각이 드는 건 어쩌면 자연스러운 감정의 흐름이다. 하지만 그럴 땐 이런 생각을 해봤으면 좋겠다.

"일어날 수도 있는 일이 일어난 것뿐이다."

그렇다. 일어나지 않았다면 좋았겠지만 일어날 수 있는 일이 일어난 것뿐이다. 그것은 내 의지와 상관없다. 그렇게 생각하는 것이 혹시 언젠가 당신에게 다가올지 모를 죽고 싶은 마음을 다루는 방법이다. 그러한 생각을 하며 그 마음을 누군가에게 털어놓으면 좋겠다. 누구라도 당신의 그런 속마음을 들으면 귀를 기울이고 힘이 되어줄 것이다. 괴로운 마음을 누군가에게 털어놓은 사람은 자살 생각과 자살 행동을 덜 할 수 있다.

누구나 살면서 죽고 싶을 만큼 힘든 순간이 있다. 단지 정도와 실행 가능성에 차이가 있을 뿐이다. 자살의 대인관계 이론The interpersonal theory of suicide을 따르면, 자살 생각, 자살 행동에 영향을 미치는 결정적 요인이 세 가지 있다. 이는 지각된 부담감, 좌절된 소속감, 자살에 대한 습득된 둔감성이다. 지각된 부담감은 쉽게 말해 자신이 타인에게 짐이 된다는 생각이다. 자신이 사는 것이 주위 사람에게 부담을 주고, 자신이 사라지는 것이 사람들에게 더 도움이 된다는 잘못된 믿음이다. 실제로 미국에서 진행된 한 설문조사를 보면, 자살을 시도했던 응답자의 90% 이상이 자신이 타인에게 짐처럼 느껴진 경험이 있다고 했다.

좌절된 소속감은 쉽게 말해 외로움, 고립감, 단절감이다. 이 세상에서 아무도 자신을 도와줄 사람이 없다고 느낄 때 드는 감정이다. 결국 '혼자라는 생각'이 스스로 죽음을 택하는 결정적 이유가 되는 것이다. 이 세상에 혼자 남겨져 있다는 느낌, 아무에게도 말할 수 없고, 아무에게도 도움을 청할 수 없다는 생각으로 극단적 선택을 한다.

나를 치유하는 마음 털어놓기

자살에 대한 습득된 둔감성은 반복되는 고통스러운 경험을 말한다. 괜찮다 싶으면 힘든 일이 생기고, 견뎌냈다 싶으면 괴로운 일이 또 생긴다. 이렇게 힘든 순간이 반복되면 죽음을 생각하는 빈도가 늘어나고 자살에 무뎌지는 현상이다.

이 세 가지 요인이 작동하지 않도록 막는 가장 좋은 방법은 죽고 싶은 마음을 초기에 털어놓는 것이다. 그런 마음을 최대한 빨리 털어놓음으로써 자신이 스스로 생각하는 것만큼 주위 사람들에게 자신이 짐이 되지는 않는다는 사실을 깨달을 필요가 있다.

당신은 혹시 자신이 '짐스럽게' 여겨진 적이 있는가? 당신이 짐이 아니라 당신 스스로 짐을 지고 있는 것뿐이다. 그 짐은 혼자 짊어지고 가기엔 너무 무겁다. 그래서 당신이 힘든 것이다. 당신의 그런 짐을 함께 들어줄 사람은 얼마든지 있다. 그런 사람은 마음을 털어놓음으로써 만날 수 있다. 당신이 힘든 내색을 안 하는데 어떤 사람이 그 짐을 나누어 들려고 할까?

사실 아직 조금 많이 슬프다. 사람으로, 친구로, 뮤지션으로 소중했던 한 분을 먼저 먼 곳에 보내드렸다. (…) 특히 저희 아티스트분들은 사람들을 위로하는 분들이다 보니 프로의식도 좋지만 스스로를 먼저 돌보고 다독였으면 좋겠다. 내색하지 않으려

다가 더 병들고 아파하는 일이 없었으면 좋겠다.

　가수 아이유 씨가 2018년 한 시상식에서 밝힌 소감이다. 당시 보이그룹 샤이니의 종현 씨가 자살로 생을 마감했다. "내색하지 않으려다가 더 병들고 아파하는 일이 없었으면 좋겠다"라는 말이 마음을 무겁게 한다.

　다시 한번 강조하지만 죽고 싶은 마음이 들 때는 털어놓는 것이 살 수 있는 첫 번째 방법이다. 살아가야 하는 이유와 죽지 말아야 하는 이유를 스스로 깨닫기는 어렵다. 누군가에게 도움을 받아야 한다. 그래야 살 수 있다. 죽고 싶은 마음은 털어놓음으로써 살고 싶은 마음으로 바뀔 수 있다.

마음을 털어놓은 뇌에 생기는 변화

괴롭고 힘든 마음을 털어놓는 것은 뇌과학적 관점에서도 마음과 신체에 도움이 된다.

우선 뇌의 편도체amygdala가 무엇인지 간단히 알아보자. 편도체는 아몬드 크기로 공포, 불안 등의 감정을 처리한다. 편도체의 주요 임무는 우리가 의식하든, 의식하지 못하든 주변의 잠재적 위협을 탐지하고 이에 대응하도록 하는 것이다. 예를 들어 누군가가 갑자기 방문을 쾅쾅 두드린다든지, 주행 중 차가 갑자기 멈추어 선다든지, 텔레비전을 보는데 집안의 불이 갑자기 꺼진다든지 할 때 편도체가 나선다. 그렇게 위험을 감지한 순간 편도체는 즉각 불안감·공포심을 줌으로써 적절히 대응하게 한다.

어둡고 으슥한 밤길을 홀로 걸어간다든지, 높은 흔들다리를 건넌다든지, 어두운 주차장을 홀로 빠져나온다든지, 누군가 뒤에서 따라오는 것을 느낄 때 신경이 예민해지고 주의를 기울이게 되는 것은 편도체가 일하고 있다는 증거다. 이처럼 편도체는 위협 대응 조치를 도와줌으로써 생존에 중요한 역할을 한다. 적당한 공포와 불안을 느끼게 만들어 위험에 대비하도록 한다.

문제는 이 편도체가 일을 너무 열심히(?) 할 때 생긴다. 때론 편도체가 필요 이상으로 불안감을 조성하여 실제로는 그리 위협적이지 않은 상황에서도 과도한 두려움과 불안을 느끼게 한다. 사람들 앞에 나가 발표해야 하는 상황이라든지, 처음 보는 사람에게 말을 걸어야 하는 상황이라든지, 취업했는데 회사생활 적응이 걱정되는 상황 등이다. 물론 걱정은 될 만하지만 위험을 느낄 정도는 아닌데 말이다. 이렇게 두려움, 불안감을 느낄 때 겉으로 표현하지 않고 속으로만 끙끙 앓으면 어떤 일이 벌어질까?

독일의 신경과학자 라파엘 칼리슈Raffael Kalisch와 동료 연구자들이 수행한 연구 결과를 보면 슬픔·분노와 같은 부정적 감정을 밖으로 꺼내지 않고 억제하기만 하면 감정 조절, 의사 결정, 실행을 담당하는 뇌 전두엽 피질의 활동성이 떨어지는 것으로 나타났다. 전두엽 피질은 뇌의 전체적 기능을 통제하는 뇌의 CEO라 할 수 있다. 이런 전두엽 피질이 제 기능을 못 하는 것이다. 그러면 두려움, 불안을 담당하는 편도체의 활동이 증가한다.

쉽게 말하면 과도한 두려움이나 불안을 느낄 때 이를 제대로 표현하지 않으면 편도체의 활동이 증가해 더 큰 두려움, 불안을 느낄 수 있다는 뜻이다. 따라서 두려움이나 불안을 느끼면 될 수 있는 한 초기에 털어놓고 표현해야 한다. 그런 마음을 빨리 털어놓을수록 전두엽 피질이 뇌의 전체 기능을 더 강하게 통제해서 편도체 활동이 줄어들며 두려움, 불안이 감소할 수 있다.

<킹스 스피치>라는 영화를 본 적이 있다. 실화를 바탕으로 한 이 영화에는 영국의 국왕 조지 6세가 등장한다. 조지 6세는 말을 심하게 더듬었으므로 대중 연설을 두려워했다. 연설을 두려워하는 것은 왕이 될 사람에게 큰 약점일 수밖에 없다. 많은 치료사와 의사가 그의 말더듬을 치료하려고 노력했으나 모두 실패했다. 그래서 그는 좌절감에 빠졌고 왕이 되기를 포기할 생각도 했다.

그러다가 한 언어치료사를 만났다. 그 치료사는 그에게 새로운 치료 방법을 제시했다. 그가 말을 더듬는 것에 대해 느끼는 불안과 두려움을 자유롭게 말해보라고 한 것이다. 그의 증상을 억제한 것이 아니라 그가 연설 중 느끼는 불안과 두려움을 마음껏 발산하게 한 것이다.

그렇게 조지 6세는 자신의 두려움과 불안을 솔직히 표현했고, 치료사는 지속적으로 격려했다. 실제로 조지 6세는 그렇게 말더듬을 극복할 수 있었다. 그는 위대한 연설로 국민에게 큰 감동과 용기를 주었고, 연합국의 제2차 세계대전 승리에 큰 역할을 할 수 있었다.

이 영화를 보며 불안과 두려움을 치료 대상이 아니라 발산 대상으로 볼 수도 있다는 사실을 깨달았다. 지금 불안, 공포, 두려움을 느낀다면, 어떤 일을 시작하기가 두렵다면 그러한 감정과 증상을 무조건 억누르려 하지 말고 발산해 보자. '아, 두렵다. 떨린다. 긴장된다. 안 하고 싶다. 도망치고 싶다.' 이런 마음을 입 밖으로 꺼내어 말해보자. 불안과 두려움이 서서히 가라앉는 경험을 하게 될 것이다. 중요한 발표를 앞두고 있다면, 긴장되는 순간을 앞두고 있다면 발표를 시작하며 불안한 마음을 솔직하게 털어놓자.

"오늘 여러분 앞에서 이렇게 발표하려니 무척 긴장되고 떨리네요. 그런데 이렇게 말을 하니 신기하게도 조금 덜 떨리네요. 이제 용기를 내서 제가 준비한 것을 잘 말씀드리겠습니다."

불안은 이처럼 말하고 꺼내놓음으로써 다스리고 조절할 수 있다. 지금 여러분은 어떤 불안을 느끼고 있는가? 지금 꺼내 보고 싶은 두려운 마음은 무엇인가?

나를 치유하는 마음 털어놓기

자신만의 착각에서 빠져나오는
쉬운 방법

솔직한 마음과 상태를 누군가에게 털어놓는 것은 혹시라
도 빠져 있을지 모르는 자신만의 착각에서 탈출하는 방법이
다. 20대 초반 Y씨는 혼자만의 잘못된 믿음으로 괴이한 행
동을 하게 된 사례다. 그는 불안감을 느낄 때마다 자신이 잘
라놓은 손톱을 집어 먹는 특이한 행동을 했다.

나: 손톱을 먹게 된 이유가 뭔가요?

Y씨: 고등학교 3학년 때였어요. 9월경이었던 것 같아요. 그때
대학입시로 스트레스를 많이 받았어요. 제 점수에 맞춰 어느 대
학을 지원해야 할지 머리가 터질 지경이었어요. 밤 12시에서 새
벽 1시 사이였던 것 같아요. 제 방에서 과자를 먹다가 부스러기
를 바닥에 떨어뜨렸어요. 손톱을 모아두었던 티슈 위에 떨어졌
죠. 전 그것도 모르고 과자와 손톱을 같이 주워 먹었어요. 모르

고 먹었던 거죠. 알았을 때는 이미 과자와 입안에서 함께 씹히고 있었죠. 첫 느낌은 '찝찝하다'였어요. 뱉으려고 했는데 순간 짭조름한 맛이 느껴졌어요. 다시 뱉기도 그렇고 짭조름한 맛도 나쁘지 않았어요. 그래서 그냥 삼켰는데 왠지 스트레스가 풀리는 느낌이었어요. 그 이후 스트레스를 많이 받거나 불안할 땐 손톱이나 발톱을 먹었어요.

어떤 행동을 했는데 스트레스나 불쾌한 감정이 가라앉는 기분이 들었다면? 다음번 비슷한 상황에서 똑같은 행동을 할 가능성이 커진다. 이것은 일종의 잘못된 학습이다. 원인과 결과를 혼동하는 것이다. Y씨처럼 불안·우울감을 느끼거나 스트레스를 받는다면 특히 더 그렇다. 그런 불쾌한 감정을 더 빨리 해소하려고 잘못된 방법을 택할 수 있다.

심리학에는 '착각의 인과관계illusory correlation'라는 개념이 있다. 두 가지 변수 사이에 실제로는 존재하지 않는 관계를 있는 것으로 잘못 인식할 때 발생하는데, 잘못된 의사 결정, 믿음, 행동 습관의 원인이 된다. 위의 Y씨 사례처럼 자기 손톱을 먹으면 스트레스가 풀린다는 생각은 분명 잘못됐다. 스트레스를 받는 상황에서 어떤 새로운 경험을 하게 되면 잠시 그 경험에 정신이 팔릴 뿐이다. 그러는 동안 스트레스를 잊는 것뿐이다.

그 새로운 경험이 산책이었더라도, 음악 듣기였더라도, 다른 사람과 마음을 터놓고 이야기하는 것이었더라도 효과는 똑같았을 것이다. 그는 결과의 원인을 제대로 파악하지 못했기에 스트레스를 받을 때마다 자기 손톱을 먹었다.

원인과 결과를 혼동하는 또 하나의 대표적 사례가 징크스Jinx이다. 기우제를 지냈더니 실제로 비가 왔고, 연필 대신 샤프로 시험을 치니 평소보다 성적이 좋았고, 파란색 팬티를 입고 출근했더니 프레젠테이션에서 칭찬을 받았다. 이런 경험을 한 이후라면, 과학적 지식이 없는 시대의 사람들은 비가 필요할 때 다시 기우제를 지낼 가능성이 크고, 중요한 시험을 볼 때는 샤프를 쓰려고 할 테고, 중요한 발표를 앞두고는 파란색 팬티에 집착할 가능성이 크다.

이렇게 잘못된 학습효과에 노출되었을 때는 털어놓아야 한다. 주위 사람에게 솔직히 털어놓고 그러한 생각과 행동에 대한 검증을 받아야 한다. 자기 생각이 과연 합리적인지, 원인과 결과 사이에 연관성이 얼마나 있는지, 그러한 행동이 정말 그 결과에 영향을 미치는지 객관적으로 따져봐야 한다.

혼자서만 한 가지 생각에 얽매일 경우, 계속 그 생각을 고집할 가능성이 크다. 자기 객관성이 떨어지기 때문이다. 특히 도움을 청하는 행동이 익숙지 않거나 고립된 상태에 있다면 더 그럴 수 있다. 자신만의 세계에 점점 더 빠져든다. 그런 이유로라도 평소 주위 사람들에게 자기 생각을 잘 털어놓는 연습을 해야 한다. 세상에는 혼자서 판단하기 어려운 일들이 넘쳐난다. 그러니 모든 것을 혼자 감당하려 하지 말자.

Y씨는 스트레스를 감당하지 못해 비합리적인 생각과 행동에 집착했고 혼자서 그 행동을 반복했다. 그러다 나와 상담하면서 그 생각과 행동을 처음 털어놓았다. 이후 그는 자기 객관화를 시도할 수 있었고 자기 생각과 행동이 정상이 아님을 깨달았다. 그리고 건강하고 효과적인 방법으로 스트레스를 해소하게 되었다. 털어놓지 않았다면 그는 지금도 아마 스트레스를 느낄 때마다 손톱이나 발톱을 먹고 있을지 모른다.

스트레스 상황뿐만 아니라 우울한 상태에 있을 때도 마찬가지다. 우울할 때는 판단력과 집중력이 떨어진다. 비합리적이고 부정적인 생각에 집착할 가능성이 커진다. 우울증 환자는 자신에게 긍정적 정보는 걸러내고 부정적 정보에 과도하게 집착하는 경향이 있다. 예를 들어 우울감에 빠진 사람은 이런 생각을 할 수 있다.

'저 사람도 내가 싫은가 보다. 인사해도 받아주지 않네.'

'저번 회의 때 내가 말한 의견에 아무도 반응하지 않았지. 역시 사람들이 나를 싫어하나 보다.'

'나만 빼고 사람들이 모여 얘기하네. 사람들은 역시 나를 피하나 보다.'

사람들이 인사를 나누지 않는 이유를, 회의 때 아무런 반응이 없는 이유를, 사람들이 모여 이야기 나누는 이유를 자신을 싫어하기 때문이라고 판단하는데, 근거가 없는 믿음이다. 실제로는 상대방이 딴생각하느라 그가 인사하는 것을 못 봤을 수도 있고, 그의 발표를 들은 사람 중에는 긍정의 표시로 연신 고개를 끄덕인 사람이 있을 수도 있다. 그를 포함한 자연스러운 소규모 대화가 어제 탕비실에서 있었음을 그는 잊었을 수 있다. 우울할 때는 이처럼 주위 정보를 부정적으로 인식하고 판단하는 경향이 강화된다.

스트레스를 받거나 우울한 상태에 있다면 그 마음과 생각을 주위 사람에게 털어놓자. 스트레스나 우울감으로 당신도 모르는 사이에 잘못된 생각이나 믿음으로 잘못된 행동을 반복할지도 모른다. 그것들을 털어놓음으로써 좀 더 합리적이고 현실적인 생각과 판단을 할 수 있다. 스트레스나 우울감을 느낄 때 이를 털어놓는 것은 자신도 모르게 오류의 강에 빠지는 것을 막는 좋은 방법이다.

마음을 털어놓으면
호감이 생기는 이유

연애를 잘하는 방법을 소개하겠다. 그것은 자기 마음을 연애 상대와 최대한 솔직히 나누는 것이다. 솔직한 마음으로 감정을 털어놓을 수 있는 만큼 친밀감과 호감도는 올라갈 수밖에 없다. 연애 상대에게 자신을 더 많이 개방하면 할수록 서로 더 수준 높은 친밀함과 만족감을 느끼는 경우는 얼마든지 있다.

잘 털어놓을 수 있어야 연애도 잘할 수 있다. 매일 좋은 얘기, 달콤한 얘기만 해서는 사랑을 느끼고 깊은 관계를 맺는 데 한계가 있다. 힘든 마음도 털어놓을 줄 알아야 위로와 용기를 주고받으며 연인 관계가 더 탄탄해지고 각별해진다. 이런 사랑을 해본 사람이라면 바로 알 수 있다.

연인뿐만 아니라 사회에서 이해관계로 만나는 사람들에게도 마찬가지다. 예를 들면 직장동료, 사업 파트너, 거래처 직원과 같은 사람들이다. 일 때문에 만났지만 좀 더 친밀한 수준의 관계를 맺고 싶은 사람도 생긴다. 예를 들어 이제 막 팀을 옮긴 상황에서 새롭게 만난 또래 팀 동료, 취미 생활로 시작한 꽃꽂이 모임에서 인상이 좋아 보이는 회원, 면세점 입점 요청을 위해 만나야 하는 담당 바이어. 이런 사람들과 빠른 시간에 친밀감을 형성하는 방법은 무엇일까?

그럴 때는 개인적 고민이나 힘든 이야기를 은근슬쩍 꺼내 보자.

> "딸아이가 지난달에 초등학교에 입학했는데 자꾸 조퇴를 해요. 친구들과 잘 사귀지 못하는 것 같아 걱정이에요."
> "대출받아 집을 샀는데 금리가 자꾸 올라 한숨만 나옵니다."
> "부모님이 연세가 많으신데 치매 증상이 있어서 신경이 많이 쓰이네요."

업무적인 사이라고 해서 업무 얘기만 하라는 법은 없다. 오히려 좀 더 친해질 필요가 있다면 개인 얘기를 적당히 꺼내는 것도 도움이 된다. 걱정이 곁들여진 사회적 관계가 그 깊이를 더하기 때문이다. 당신이 개인 얘기를 꺼내면, 상대방도 당신이 사회에서 만나는 비즈니스 상대라는 생각보다 고민이 있는 평범한 인간이라는 생각을 먼저 하게 된다. 그러면서 당신에게 좀 더 친밀감을 느낄 수 있다. 처음부터 자신을 지나치게 억지로 개방할 필요는 없다. 그러기에는 자신도 쑥스럽고 상대도 부담을 느낄 수 있다. 그 대신 서서히 조금씩 개방하면 된다.

자신을 너무 숨기고 정돈된 모습만 보여주려는 것은 오히려 상대와 선을 긋는 행동이다. 좋은 말, 예쁜 말, 신사적인 말, 깍듯한 말만 하는 것은 상대가 느끼는 친숙함에 한계가 있다. 당신에게 부정적 이미지는 아니어도 그 이상 호감은 느끼기 어렵다.

사회적 침투 이론social penetration theory을 따르면, 사람 사이의 관계가 성장하고 발전해감에 따라 의사소통 수준이 얕고 생소한 수준에서 깊고 친밀한 수준으로 변화한다. 이때 자기개방은 깊고 친밀한 수준으로 나아가는 데 큰 도움이 된다. 자기 이야기를 적당히 꺼내는 모습이 상대방과 심리적 거리를 좁히는 좋은 방법임을 알아야 한다. 서운하거나 아쉬운 감정이 들 때가 있다면, 상대가 기분 나빠하지 않을 만한 범위에서 표현하는 것도 좋다. 상대가 허용할 수 있는 범위라면 당신을 그만큼 친근하게 느낄 수 있다. 상대와 친숙한 단계로 한 걸음 더 나아갈 수 있다.

투자의 대가로 일컬어지는 워런 버핏Warren Buffett과 그의 오랜 사업 파트너 찰리 멍거Charlie Munger는 비즈니스 관계로 시작했지만 지금은 둘도 없는 친구가 되었다. 워런 버핏은 언론사와 한 인터뷰에서 이런 말을 한 적이 있다.

> "찰리와 나는 살면서 싸운 적이 없다. 우리는 의견 차이가 많지만, 그것은 결코 개인적 감정으로 끝낼 일이 아니었다. 우리는 이런 과정을 거쳐 서로 의견이 맞지 않는 데도 익숙하게 되었다."

워런 버핏은 투자 사업 초기에 자신과 찰리 멍거가 투자 결정에서 자주 의견이 엇갈렸다고 했다. 하지만 그들은 상대가 기분이 어느 정도 상할 것을 각오하고 솔직히 의견을 털어놓기로 했다. 이런 과감한 결정이 오히려 관계를 오랜 시간 유지하고 성공적 투자를 이어온 비밀이라고 털어놓았다. 솔직한 의견 제시가 사업상 만난 사이에서도 서로에게 도움이 되고 관계의 목적도 달성한 좋은 사례다.

당신이 만나는 직장 동료, 상사, 거래처 직원, 사업 파트너도 결국 사람이다. 사람으로 다가가는 것은 자기 이야기를 털어놓는 데서 시작한다.

학습된 무기력의 저주를 푸는 방법

많은 노력과 시도를 했는데 실패하거나 결과가 좋지 않으면 이런 생각이 들 때가 있다.

'결국 안 되네. 난 이제 앞으로 뭘 해도 안 될 거야.'

'난 하나도 되는 게 없어. 앞으로 어떤 노력을 해도 소용없을 거야.'

'아무리 열심히 해도 나는 결국 안 되는 사람이구나.'

안 좋은 일, 힘든 일을 연달아 겪을 땐 특히 이런 생각을 하게 된다. 삶이라는 것이 참 그런 것 같다. 힘든 일이 한번 왔으면 그다음에는 좀 덜 힘든 일이 오고, 그다음에는 좀 좋은 일이 오고, 이렇게 순서대로 오면 좋을 텐데 현실은 그렇지 않다. 한 번 실패한 뒤에는 또 다른 실패가 찾아오고, 괴로운 일이 지나가면 또 다른 괴로움이 몰려오기도 한다. 설상가상雪上加霜은 "눈 위에 또 서리가 덮인다"라는 뜻으로, 난처하거나 불행한 일이 잇따라 일어남을 이르는 말이다.

상담을 진행했던 대학생 S씨는 문장완성 심리검사에서 "나의 앞날은 상자 속의 쥐와 같다"라고 표현했다. 그 의미가 궁금해서 물어보니 그는 그 이유를 이렇게 대답했다.

"될 것 같았는데 결국 다 안 되었거든요."

이건 어떤 의미였을까? 그는 초등학생 때 수영선수가 되려고 했다. 당시 실력도 기록도 좋아서 주위에서도 기대했다. 초등학교 2학년 때부터 3년 동안 피나는 연습을 했다. 초등학교 5학년 때 수영선수 선발전을 2주 앞두고 갑작스러운 사고로 왼쪽 어깨가 탈골됐다. 시합에 나가지 못했을 뿐 아니라 수영선수로서 꿈을 접어야 했다. 그가 인생에서 겪은 첫 번째 좌절이었다.

특성화고등학교에 다니면서 기술 관련 직업인으로 취업을 꿈꿨다. 2년 동안 열심히 공부하고 훈련했다. 고등학교 3학년에 올라가며 대회 출전 준비를 성실히 했다. 대회에서 수상하고 그 경력을 발판으로 회사에 취업하는 것을 목표로 했다. 모든 것이 순조로워 보였는데, 문제는 뜻하지 않은 곳에서 터졌다. 담당 선생님이 어떤 문제로 다른 학교로 전근을 가게 된 것이다. 그 선생님이 모든 행정 절차를 준비해

주셨던 터라 그는 물론 다른 특기생들도 참가 신청조차 못하고 대회를 포기해야 했다. 이것이 그가 인생에서 겪은 두 번째 좌절이었다.

그는 고등학교 졸업 무렵 한 회사의 고졸 공채 시험에 도전해 필기시험에 합격했다. '오, 나도 할 수 있겠다. 이번에는 뭔가 할 수 있겠다' 하는 기대감을 품었다. 3차 면접까지 있었는데 1, 2차 면접에서는 합격했다. '이번에는 진짜 뭔가 할 수 있겠다. 이번에는 진짜 할 수 있겠다'는 생각을 계속했다. 하지만 부푼 기대도 잠시, 3차 최종 면접에서 떨어졌다. 인생에서 세 번째 좌절이었다. 그때부터 그는 이런 생각을 하게 되었다.

'역시 나는 안 되는 사람이구나.'

상자 안으로는 빛이 희미하게 들어온다. 그 빛을 따라 상자 밖으로 나갈 수 있을 것 같지만 결국 나가지 못한 심정을 상자 속의 쥐로 표현한 것이다. 이처럼 힘든 일, 고통스러운 일을 연속해서 겪다보면 무기력감, 좌절감에 빠질 수 있다. 심리학에서는 이를 학습된 무기력Learned Helplessness이라고 표현한다.

앞서 말했듯이 우리가 겪는 일들은 그 모습을 번갈아 가며 순서대로 오지 않는다. 힘든 일 뒤에 또 다른 힘든 일이 오기도 하고 짜증 나는 일을 겪은 뒤 더 짜증 나는 일을 겪기도 한다. 하지만 어쩌겠는가? 어떤 일이 생기는 것은 우리 능력 밖의 일인데 말이다. 일어날 일은 결국 일어난다. 어떻게 할 수 있는 것이 아니다. 그러므로 중요한 질문은 "내가 원하는 일들을 어떻게 순서대로 오게 할 것인가?"가 아니라 "내가 원치 않는 일들을 연속적으로 겪게 되어 학습된 무기력에 빠졌을 때 어떻게 대처하는가?"이다.

학습된 무기력에 빠지지 않는 좋은 방법 중 하나는 그런 무기력감, 좌절감, 패배감을 겪을 때 털어놓는 것이다. 주위 사람에게 털어놓으면 혼자서 끙끙댈 때보다 더 빠르게 감정적 해소를 할 수 있다. 동시에 문제를 객관적으로 바라보며 해결책에 대한 현실적·통찰적 접근이 가능해진다. 또한 주위 사람의 지지와 응원도 받을 수 있다.

털어놓지 않고 혼자서만 모든 감정을 안고 가려다 보면 상자 속에 든 쥐처럼 좌절감에서 빠져나오기 힘들 수 있다. 연속된 좌절감으로 모든 것을 포기하고 싶을 땐 일단 주위에 털어놓는 것이 중요하다. 좌절감을 느낀 사람이 정서적·사회적 지지를 받아 더 빠르게 심리적 회복을 보인 사례는 많다.

힘든 일을 연속으로 겪는 데도 도움을 요청하지 않거나 그런 상황을 털어놓지 않는 것은 링 위에서 소나기 펀치를 계속 맞으며 가만히 서 있는 것과 같다. 그러다가는 쓰러질 수 있다. 그럴 때는 상대를 껴안아서 한숨 돌려야 한다.

복싱에서 너무 힘이 들 때 상대방을 잠시 껴안는 행위를 클린치clinch라고 한다. 이 클린치는 삶에서의 마음 털어놓기와 같다. 복싱에서 상대에게 연속 펀치를 얻어맞고 클린치를 하며 잠시 숨을 돌릴 수 있는 것처럼, 삶에서 연속된 좌절과 실패로 모든 것을 포기하고 싶을 때 그 마음을 털어놓으며 잠시 쉬어갈 수 있다. 그렇게 하며 또다시 살아갈 힘을 얻을 수 있다. 그렇게 원래의 페이스를 찾을 수 있다.

학습된 무기력에 빠지지 않는 또 한 가지 좋은 방법은 자신이 겪고 있는 실패와 반대되는 사례를 떠올려 보는 것이다. 심리상담에서 학습된 무기력에 빠진 내담자에게 이런 질문을 던지곤 한다.

> "당신은 뭘 해도 안 되는 사람이라고 스스로 생각하는군요. 그런데 정말 그럴까요? 당신이 생각하기에 지금껏 살아오며 '해냈다. 나도 되는 게 있구나' 하는 생각이 들었던 순간이 정말 단 한 번도 없었나요? 단 한 번도?"

보통 이런 질문을 하면 아무리 강한 부정적 확신이 있는 사람이라도 "아니요. 그렇지는 않은 것 같습니다"라고 대답한다. 항상 실패만 한다고 생각하는 사람에게 한 번이라도 성공한 경험을 떠올리게 하는 것은 이런 식으로 도움이 된다. 여러분 자신이 계속된 어떤 실패로 '난 뭘 해도 안 될 거야'라는 생각을 하고 있다면 자신이 성공했던 사례를 떠올려보자.

혼자서 어렵다면 주위 사람에게 그 대답을 대신 들어라. 주위 사람에게 그런 마음을 털어놓으면, 당신이 무언가를 이루어냈던 사례, 도전해서 성공했던 사례, 힘든 일 뒤에 좋은 일이 찾아왔던 사례를 말해줄 것이다. 이처럼 우리가 연속된 실패로 좌절감에 빠질 때도 그 마음을 털어놓는 용기 있는 행동은 우리를 쓰러지지 않게 만든다. 혹시 지금이 삶의 클린치가 필요한 순간 아닌가?

부정적 사고를 멈추는
마음 털어놓기

제대로 처리되지 않은 분노가 피해망상으로 이어지는 일도 있다. 하나의 부정적 감정이 또 다른 부정적 감정을 연속적으로 불러일으키기 때문이다. 이럴 때는 부정적 사고思考 초기에 그것을 다른 사람에게 털어놓는 것이 무엇보다 중요하다.

정신과 의사이자 작가인 데이비드 번스David Burns는 그의 책《좋은 기분: 새로운 기분 치료법Feeling Good: The New Mood Therapy》에서 다음과 같이 말했다.

다른 사람에게 무언가를 털어놓는 것은 매우 도움이 될 수 있다. 당신이 털어놓는 상대는 당신이 좀 더 객관적이고 현실적인 관점으로 세상을 바라보도록 도와준다. 당신은 세상을 왜곡해서 바라보았다는 사실을 깨달을 것이다. 당신이 생각하는 나쁜

나를 치유하는 마음 털어놓기

것이 당신이 생각했던 것만큼 나쁜 것은 아니었다는 사실도 발견할 것이다.

그 역시 다른 사람에게 부정적 생각을 털어놓는 것이 좀 더 객관적이고 현실적인 관점을 얻을 수 있는 좋은 방법이라고 강조했다.

군 복무 중인 20대 초반 N씨는 감기 기운이 있어 전염병 예방을 위해 부대 내 다른 사람들과 격리가 되어 있었다. 그가 격리 중일 때 나머지 동기들끼리 청소 임무를 분배했다. N씨로서는 자기가 빠진 채 할당받은 청소 구역이 마음에 들지 않았다. 자신을 배제하고 동기들끼리 결정했다는 사실에도 화가 났다. 그는 분노를 이기지 못하고 동기들이 모여 있는 생활관 문을 열어젖히고 들어서며 소리쳤다.

"야! 이거 어떤 ××가 짰어?"

심리상담에서 그는 그 일을 후회한다고 했다. '화가 난 건 맞는데 굳이 그렇게까지 욱할 필요가 있었을까?' 하는 생각이 들었기 때문이다. 그는 다음과 같은 부정적 생각의 악순환 고리에 빠져 있었다.

의사결정 과정에서 나를 배제하고 자기들끼리 임무를 분배해?(분노) → "야! 이거 어떤 XX가 짰어?"(표현) → 욱해서 그렇게 화를 냈어야 했나?(후회) → 내가 욱하는 모습을 본 사람들이 뒤에서 나에 대해 안 좋게 수군거릴 거야.(피해망상)

타인을 향한 분노가 자신에 대한 피해망상으로 연결되었다. 자신을 험담하는 사람을 실제로 본 적은 없지만 그럴 거라는 부정적 인식을 스스로 확대했다. 그런 생각이 드는 것은 이해되었지만 확인되지 않은 사실로 불안해할 필요가 있는지 생각해보라고 했다.

　나: 혹시 자신을 험담하는 것을 실제로 목격한 적이 있나요?
　N씨: 아니요.
　나: 지금 후회하는 것 같은데, 다시 그런 비슷한 상황이 되면 어떻게 해보고 싶나요?
　N씨: 제가 없는 자리에서 그 일을 추진했던 사람을 찾아가서 차분하게 얘기할 것 같아요. 왜 그렇게 했는지 물어보고 제 생각을 조용히 얘기할 거예요.

내가 생각해도 좋은 방법이었다. 그렇게 하면 후회할 행동을 처음부터 안 할 수 있고 자기 행동에 대해 사람들이 수군거린다는 피해의식을 느낄 일도 없기 때문이다. 그 과정을 다시 정리하면 이렇다.

의사결정과정에서 나를 배제하고 자기들끼리 임무를 분배해?(분노) → 기분은 나쁘지만, 어떤 기준으로 결정했는지 찾아가서 알아보자. 아! 그래서 이렇게 했구나. 내 생각은 이런데.(표현) → 욱하지 않고 잘 얘기한 것 같다.(만족) → 나의 반응과 행동을 사람들도 받아들일 거야.(편안함)

화는 자연스러운 반응이다. 어느 순간 화가 나는 건 어쩔 수 없다. 우리가 어찌할 수 있는 통제 가능 영역이 아니다. 하지만 화를 어떻게 처리할지는 선택 가능 영역이다. 감정을 묻어둘지 표현할지, 표현한다면 어떤 방식으로 할지 선택할 수 있다.

순간적으로 화가 솟구쳐 올라가는 상황에서도 이를 있는 그대로 표현하지 않고 차분히 자기 의견과 느낌을 전달할 수 있다. 자신이 화가 났다는 사실을 전달하는 것보다 왜 화가 났는지, 어떻게 하고 싶은지를 전달해야 한다. 그러니 화가 날 때는 속으로 열까지 세고, 이런 생각을 하자.

'화가 난다. 근데 이 화를 그냥 표현하는 것보다 내가 왜 화가 나는지, 내 생각은 어떤지 상대방에게 잘 전달해보자. 그게 더 중요하다.'

위 사례의 N씨는 다행히도 심리상담에서 자신에 대한 피해망상이 합리적인지 생각해보는 기회를 빨리 얻었다. 상담 후 곧바로 생활관 동기들에게 찾아가 그때 어떤 마음이었는지, 어떻게 하고 싶었는지 설명하고 사과했다. 그 일을 계기로 화가 날 때 어떻게 대처하는 것이 좋은지 생각하게 되었다.

반드시 전문 심리상담이 아니어도 좋다. 부정적 생각이 떠올랐을 때 가능한 한 빨리 주변 사람에게 털어놓아야 한다. 그들의 반응과 의견을 참고하여 자기 판단이 얼마나 합리적인지 더 넓은 관점을 가지고 판단할 수 있다.

지금 분노가 느껴진다면, 자꾸 부정적 생각이 떠오른다면 빨리 털어놓자. 혼자서는 힘들다. 충분한 검증 없이 부정적 생각에만 몰두하다 보면 제2, 제3의 안 좋은 생각만 하게 되어 결국 자기만 손해 보게 된다.

미국 보스턴대학교 심리학과 데이비드 발로우David Barlow 교수와 동료 연구자가 실시한 연구 결과에 따르면, 부정적 생각이나 감정을 다른 사람에게 털어놓은 대학생들은 그렇게 하지 않은 대학생들보다 더 큰 심리적 안정감well-being을 느끼는 경향이 있다고 한다. 이처럼 부정적 생각을 다른 사람에게 털어놓음으로써 다른 관점과 새로운 통찰을 얻을 수 있고, 좀 더 현실적이고 효과적으로 대처할 수 있다.

나를 치유하는 마음 털어놓기

상담심리학의 인지-행동 치료Cognitive-behavior therapy 이론을 따르면 부정적 생각은 보통 비합리적이고 왜곡되는 경우가 많다. 이럴 때 그런 부정적 사고에 반대되는 증거들을 찾음으로써 부정적 사고를 좀 더 합리적으로 정확히 바라볼 수 있다. 다른 사람에게 부정적 생각을 털어놓는 것은 자신의 부정적 사고를 합리적·객관적으로 바라볼 기회를 얻는 것과 같다.

지금 당신에게 떠오르는 부정적 생각이 있는가? 그 부정적 생각은 합리적인가? 그러한 부정적 생각을 어떻게 처리하는가? 부정적 생각이 제멋대로 확장되고 커지도록 내버려두지는 않는가? 그런 생각은 주위 누군가에게 털어놓자. 가장 편안하고 믿을 만한 사람에게 털어놓자. 부정적 생각이 제멋대로 커져 주체할 수 없는 괴물이 되지 않도록 미리 손을 쓰자.

내가 지금 하는 고민은
이미 누군가 해결한 고민일 수 있다

　자신이 겪고 있는 문제를 털어놓으면 좋은 이유 중 하나는 기대하지 않았던 도움을 받을 수 있기 때문이다. 한 학부모가 공부에 잘 집중하지 못하는 자녀에 대한 고민을 동네 모임에서 털어놓았다. 그러자 모임에 있던 한 분이 집중력 강화에 도움이 되는 학습방법, 전문강사, 상담센터를 그 자리에서 소개해주었다. 이 학부모는 바로 연락을 했고, 그 자녀는 큰 도움을 받으며 만족할 만한 집중력 향상을 경험하고 있다.

　이처럼 우연히 고민을 꺼내놓았는데 기대하지 않았던 도움을 받는 경우가 종종 있다. 하지만 이를 우연이라고만 할 수 있을까? 당신이 하는 고민은 이미 누군가 했던 고민일 수 있다. 누군가는 이미 그 고민을 했고 어떤 방법으로 해결도 했다. 또는 도움을 줄 만한 사람을 연결해줄 수 있다. 그

　　　　　　　　　　　　나를 치유하는 마음 털어놓기

런 사람은 당신이 털어놓는 사람의 사람의 사람의 지인知人일 수 있다. 우리가 사는 세상은 이렇게 촘촘한 인간관계로 엮여 있다.

6단계 분리이론The six degrees of separation theory이 있다. 인간관계는 6단계만 거치면 지구상 대부분 사람과 연결될 수 있다는 사회심리학 이론이다. 이 이론을 따르면, 자기 고민을 많은 사람에게 털어놓으면 털어놓을수록 그 해결에 도움을 줄 사람과 연결될 가능성도 커진다. 당신에게는 현재 머리 아픈 고민이지만 누군가는 이미 해결한 고민일 수 있기 때문이다. 단지 그 사람과 어떻게 연결되느냐가 문제다. 연결될 수 있는 가장 확실한 방법은 최대한 많은 사람에게 털어놓는 것이다.

나의 신혼 시절 이야기다. 빌라 전세에서 아파트 전세로 이사 가고 싶었다. 아이가 커가며 살림살이도 늘어났고 높은 곳에서 바깥을 바라보는 여유도 즐기고 싶었다. 그런데 그러기에는 보증금이 턱없이 부족했다. 어느 날 우연히 이런 답답하고 고민되는 마음을 회사 선배에게 털어놓았다. 그 선배는 내가 살고 있던 동네의 주민이기도 했다.

고민을 들은 선배는 한 부동산 중개인을 소개해주었다. 당장 연락해보니 그는 한 아파트를 저렴한 보증금으로 소개해주겠다고 했다. 알고 보니 그 아파트의 집주인은 어떤 사정으로 그 부동산 중개업소 한곳에서만 조용하게 세입자를 구하고 있었다. 결론적으로 나는 그 부동산 중개인에게 꽤 괜찮은 아파트를 소개받아 저렴하게 전세 계약을 할 수 있었다. 만약 '어차피 해결되지 않는 문제를 털어놓아 봤자지' 하는 생각으로 고민을 아무에게도 털어놓지 않았다면, 우리는 빌라 생활을 몇 년 더 해야 했을지 모른다.

비슷한 사례는 또 있다. 한 후배는 졸업 후 자신의 분야에서 일자리를 구하는 데 어려움을 겪었다. 그는 그런 상황을 동네 모임에서 알고 지내던 이웃에게 털어놓았다. 그 이웃이 근무하던 회사에서는 마침 직원을 채용 중이었다. 그 이웃은 후배 이야기를 상사에게 전했다. 상사가 그 후배의 경력에 관심을 보였고, 후배는 정식으로 면접을 보았다. 면접관은 그 후배의 학력, 이력, 경험, 인상 등을 좋게 평가했다. 후배는 그렇게 채용되었고 일자리를 소개해준 이웃에게 큰 감사를 드렸다.

우리 어머니도 비슷한 경험을 했다. 목돈이 필요했는데, 우연한 기회에 지인에게 사정을 털어놓았다. 물론 해결책을 바라고 이야기한 것은 아니었다. 단지 답답한 마음에 하소연이라도 하고 싶었다. 그런데 그분이 어머니에게 선뜻 돈을 빌려주겠다고 했다. 그 얘기를 듣고 세상은 아직 살만하다는 것, 고민을 얘기하면 뜻하지 않게 도움을 받을 수도 있다

나를 치유하는 마음 털어놓기

는 것을 믿게 되었다.

이처럼 직접적 도움을 바라지 않더라도 다른 사람에게 고민을 꺼내는 것은 문제해결 방법을 찾는 데 도움이 된다. 혼자서는 해결하기 힘들었던 문제를 기대하지 않았던 새로운 관점에서 볼 수도 있다. 혼자서만 끙끙댈 때는 보이지 않던 문제해결의 실마리를 발견할 수도 있다.

심리학의 인지적 관점이론Cognitive Perspective Theory을 따르면, 사람은 혼자 있을 때는 자기 문제를 좁은 관점에서만 바라보는 경향이 있다. 이때 신뢰할 만한 누군가와 마음과 고민을 나누는 것은 자기 관점을 넓히고 새로운 통찰력과 해결책을 얻는 기회가 된다. 영국의 사회학자 스탠리 코헨Stanley Cohen은 자기 이야기를 꺼내놓는 것이 자신의 성장과 문제해결에 강력한 도구가 될 수 있다고 주장하였다.

고민이나 문제를 공유하는 것의 긍정적 효과는 개인 수준이 아닌 회사와 같은 조직수준에서도 경험할 수 있다. 일본 자동차 회사 토요타의 기술자 그룹은 제조 공정의 결함 수를 줄이려 고군분투했다. 그들은 문제를 해결하려고 많은 방법을 시도했지만 연이은 실패를 경험하는 상황이었다.

그 그룹의 한 엔지니어는 다른 산업에 종사하는 한 친구에게 그 상황을 털어놓았다. 그 친구는 다른 회사에서 품질 관리 업무를 담당하고 있었다. 그 친구는 비슷한 문제를 이

미 회사에서 경험한 적이 있었기에 그 문제에 어떻게 대처했
는지 알려줬다. 그 얘기를 들은 토요타 엔지니어는 회사로
돌아가 동료들에게 그 내용을 공유했고, 새로운 각도에서
문제를 바라보게 되었다. 그들은 그렇게 새로운 시도를 했
고, 결함을 줄이는 데 성공할 수 있었다.

이처럼 마음이나 고민을 털어놓는 행동은 의도하거나 기
대하지 않았던 도움을 불러올 수 있다. 새로운 통찰을 하는
계기가 될 수도 있다. 지금 당신이 하는 고민은 누군가에겐
큰 고민이 아닐 수 있음을 깨닫자. 누군가 이미 해결한 문제
일 수 있음을 명심하자.

나를 치유하는 마음 털어놓기

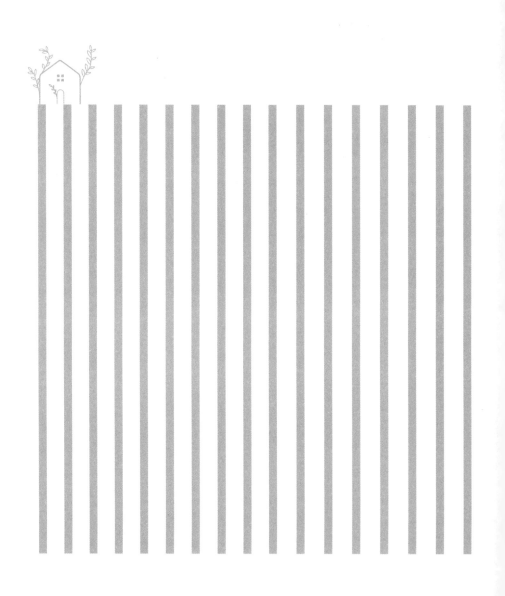

우울한 마음 털어놓기

다음은 한 온라인 고민 커뮤니티에 익명으로 올라왔던 글이다.

고3이 되면서 부족하게 자라온 가정환경도 그렇고, 부딪히는 것들을 생각하면 남보다 불행하게 커온 것이 맞다는 생각이 듭니다. (…) 그런데 저를 잘 아는 사람은 늘 저보고 속 얘기를 털어놓으라고 합니다. (…) 그 말은 사람한테 기댈 줄 알란 소리였습니다. 깨닫고도 기댈 줄 모르겠고 우리 집은 무관심으로 가득합니다. 저도 그런 집에서 관심을 받고 싶진 않습니다. 멈추었던 자해를 약간씩 시작하게 되었고, 겁이 생겨서 심하게는 못 하고 있지만 강도는 세지고 있습니다. 겁이 있다는 건 살 의지가 있다는 뜻으로 생각하고 있습니다. 저는 늘 내일을 생각하면 장례식을 떠올립니다. 그런데 누군가가 제 죽음을 슬퍼할지 모르겠단 생각에 죽음을 선택 못 하고 있습니다. (…) 저에겐 애인도 있는데 그에게도 모든 얘기를 털어놓지 않고 있습니다. 그는 털어놓고 있는 줄 알고 있고요.

게시물 작성자는 가족으로부터 적절한 정서적 지지와 응원을 받지 못하며 자라온 듯 보였다. 그러한 환경에서 마음을 제대로 털어놓을 기회를 얻지 못했을 것이다. 마땅히 응원받고 지지받아야 할 가족이나 애인에게도 마음을 털어놓지 못한 그 아픔이 느껴져 나도 마음이 아팠다. 이 사례의 주인공처럼 누구나 이런 상황에 있다면 마음속 우울감은 자라날 수밖에 없다.

우울한 감정은 언제 어디서든 느낄 수 있는 감정이다. 우울함은 정도 차이만 있을 뿐 누구에게나 있다. 어느 날 아침, 어느 순간 불쑥 그 모습을 드러낼 수 있다. 우울증은 전 세계적으로도 널리 퍼져 있는 증상 중 하나다. 세계보건기구WHO를 따르면 우울증은 2017년 기준 전 세계적으로 2억 6,400만 명 이상에게 영향을 미치고 있다.

나 역시 가장으로서, 직업인으로서, 인간으로서 문제와 고민이 많다. 특히 최근에는 고금리와 경제침체로 인한 경제적 문제까지 발생해 심리적 고통이 더하다. 이때 우리는 어떻게 대처하면 좋을까? 밝은 음악을 듣거나, 집 주변을 산책하거나, 좋은 사람을 만나거나, 믿을 만한 전문 심리상담사를 찾는 것도 좋은 방법이다. 하지만 가장 쉬우면서 강력한 방법은 그 마음을 털어놓는 것이다. 이는 다양한 연구 결과로도 증명되었다.

한 연구 결과, 신뢰할 수 있는 친구나 가족 구성원에게 우울한 마음을 털어놓은 사람은 아무에게도 털어놓지 않은 사람보다 우울증 증상이 더 많이 감소하는 경향을 보였다. 또 다른 연구 결과, 우울한 기분이나 마음을 누군가와 나눌 때 우울감을 낮출 수 있었다.

이처럼 우울한 기분을 주위 사람들과 나누는 것만으로도 우울감을 낮추는 데 도움이 되며 스트레스, 불안 등도 조절이 가능하다. 사실 우울한 마음을 털어놓아 본 사람은 이런 연구 결과를 모르더라도 이미 그 효과를 몸으로 알고 있다. 비 오는 날 우울하다며 친구를 집 앞 술집으로 불러내 막걸리에 파전을 먹는 사람, 회사에서 가져온 답답하고 우울한 마음을 달래려고 자기 전 장문의 글을 써서 톡으로 보내는 사람, 해외에 있지만 우울한 마음을 달래려고 줌으로 만나 와인잔을 부딪히며 고민을 털어놓는 사람이 그렇다. 이런 사람들은 우울감이 느껴지는 순간 털어놓기 센서가 자동으로 작동하여 우울감이 남아 있을 틈을 주지 않는다.

우울감을 털어놓는 것은 그 자체로 우울감 해소에 도움

이 된다. 30대인 J과장은 너무 괴롭다며 상담실을 찾아왔다. 그는 최근 상급자와 갈등이 생겨 분노와 무기력감을 느끼게 되었고, 우울해지기 시작했다. 어느 날 상담을 마치려는데 그가 말했다.

"오늘 이 시간에 제 우울한 얘기를 털어놓은 것만으로도 제 우울한 감정이 70~80%는 해소된 것 같습니다. 감사합니다."

그랬다. 그는 우울한 마음을 털어놓은 것만으로도 우울감이 많이 해소되었다고 했다. 우울한 마음을 그동안 아무에게도 꺼내놓기 힘들었던 것이다. 상사 때문에 느끼는 우울감을 같은 직장 내 다른 사람과 솔직히 터놓고 이야기하기 쉽지 않았을 것이다. 그렇다고 집에 가서 배우자에게 그런 마음을 털어놓자니 회사 관련 일이라 공감을 얻기 어려울 거라고 생각했을 수도 있다. 나는 심리상담사로서 특별히 한 것이 없다. 그저 그가 자기 이야기를 더 잘 끄집어내도록, 그가 하고 싶은 얘기를 다 하도록 도와줬을 뿐이다. 그래도 그는 많은 도움을 받았다고 했다.

우울한 마음을 털어놓는 것의 또 다른 좋은 점은 자신의 우울한 감정을 자세히 관찰할 수 있다는 것이다. 그 우울함이 어디서 왔는지, 자신이 왜 그것 때문에 우울한지, 그것 때문에 계속 우울해할 필요가 있는지, 그 우울감과 작별하려면 어떻게 해야 좋을지 자세히 관찰할 수 있다.

이 모든 작업은 혼자서 하기엔 벅차다. 마음을 털어놓지 않은 상태에서 자기 마음을 관찰하는 데는 한계가 있다. 마음을 꺼내어 상대에게 보여주는 과정에서 자신도 자기 마음을 더 잘 들여다볼 수 있다. 마치 몸에 상처가 생겼는데 혼자서는 잘 보지 못하다가 병원에 찾아가 의사에게 보여주며 자신도 그 상처를 더 잘 들여다보는 것처럼 말이다.

UCLA대학 행동의학과 교수 데니스 그린버거Dennis Greenberger는 《마인드 오버 무드Mind over mood》에서 우울한 감정을 털어놓는 것은 자신에 대한 감정과 생각을 더 잘 이해하는 효과적인 방법이라고 강조했다. 그의 말처럼 우울함은 누군가에게 털어놓음으로써 더 잘 이해할 수 있다.

당신이 우울한 마음을 달래려 꺼낸 얘기가 상대에게 뜻하지 않은 도움을 줄 수도 있다. 우울한 마음을 들은 상대방도 당신에게 공감하며 자신의 우울함을 털어놓을 수 있기 때문이다. 공감되거나 비슷한 경험이라고 느끼면 누구나 자기 얘기를 해주고 싶은 욕구를 느낀다.

당신이 우울감을 얘기했는데 상대방도 우울했던 경험, 우울한 마음을 털어놓는다면 어떨까? '나만 우울한 것이 아니구나' 하며 위안과 용기를 얻을 수 있다. 우울감으로 이어진 동질감은 외로움 완화에도 도움이 된다. 이런 의미에서 16

세기 영국 작가 존 헤이우드^{John Heywood}가 했다고 전해지는 "문제를 공유하면 문제가 반으로 줄어든다"라는 말은 일리가 있다. 나누면 줄어드는 것은 '문제'만이 아니라 '우울한 마음'도 마찬가지다.

불안할수록
털어놓아야 하는 이유

누구나 불안한 순간을 경험한다. 중요한 발표를 앞두었을 때, 중요한 면접을 앞두었을 때, 좋아하는 사람에게 마음을 전하려 할 때, 전화로 주문한 마라탕 집에 다시 전화해 메뉴 변경을 요청할 때 누구나 불안해하고 떨기까지 한다.

"순수하게 외향적인 사람이나 내향적인 사람은 없다. 그런 사람은 정신병원에나 있을 것이다."

심리학자 카를 융Carl Jung이 한 말이다. 그의 말처럼 절대적으로 외향적이거나 내향적인 사람은 없다. 똑같은 사람이라도 외향적일 때가 있고 내향적일 때가 있다. 불안을 느끼는 것도 마찬가지다. 항상 불안을 느끼는 사람도, 전혀 불안을 느끼지 않는 사람도 없다. 누구나 불안을 느낄 수 있다. 불안은 두려운 상황과 스트레스 상황에 대한 인간의 자연스러운 반응이다.

불안을 느끼는 순간 대처하는 좋은 방법은 역시 털어놓는 것이다. 자신의 불안한 감정을 표현하고 다른 사람과 공유하는 것은 불안감을 떨어뜨리는 데 도움이 된다. 한 실험에서는 참가자들이 자신의 불안한 감정을 다른 사람과 공유하고 토론하는 과정에서 불안한 감정을 덜 느끼는 것으로 나타났다. 이처럼 불안한 감정도 표현하면 그 수준을 낮출 수 있다.

불안한 마음을 솔직히 털어놓는 행동은 상대 마음이 당신을 향하도록 해서 상대가 당신 편이 되게 하는 데도 도움이 된다. 한 강연회에 참석한 적이 있다. 그날의 초대 강사가 무대 위에 올랐다. 걸어 나오는 모습, 얼굴 표정 하나하나에 불안감이 묻어 있었다. 긴장한 모습이 역력했다. '제대로 강연할 수 있을까?' 하는 걱정마저 들었다. 아니나 다를까, 그분은 첫마디를 이렇게 시작했다.

"안녕하세요. 반갑습니다. 오늘 사실 6개월 만에 처음 하는 강연입니다. 무척 떨리고 긴장됩니다. 실수하더라도 잘 부탁드립니다."

이런 말을 들으니 나도 모르게 그분이 실수하지 않기를 바랐다. 실수하지 않고 강연을 무사히 잘 끝냈으면 하는 바람이 나도 모르게 생긴 것이다. 그전까지만 해도 '얼마나 잘하는지 두고 보자'는 심보가 있었는데 말이다. 그런데 자신의 불안을 고백하는 솔직한 말을 들으니 그분을 응원하고 싶어졌다. 측은지심惻隱之心은 이런 상황을 두고 하는 말이다. 약점을 숨기지 않고 고백하는 사람에게는 너그러워지는 경향이 있다. "나를 잡아먹으시오" 하고 배를 보이며 바닥에 드러눕는 강아지를 해치고 싶은 사람은 없다(우리 집 강아지가 가끔 이런 행동을 한다. 뭔가 알고 하는 행동일까?).

이와 비슷한 사례는 올림픽에서도 찾아볼 수 있다. 시몬 바일스Simone Biles는 2016년 리우데자네이루 올림픽에서 압도적인 실력으로 4관왕에 오른 미국의 체조여왕이다. 시몬은 다음 올림픽에서도 좋은 성적을 거둘 것으로 전 세계인의 기대를 받았다. 하지만 2021년 도쿄올림픽 당시 시몬에게는 사람들의 많은 기대가 오히려 부담으로 작용했다.

결국 시몬은 자신이 느꼈던 불안감을 솔직히 털어놓으며 몇몇 종목에서 기권을 선언했다. 그녀로서는 그런 마음을 내뱉는 데 많은 용기가 필요했을 것이다. 기대가 컸던 만큼 사람들의 실망과 비난도 클 것으로 생각했기 때문이다. 하지만 다행스럽게도 불안감을 솔직히 털어놓은 이후 시몬은 동료 선수들, 전 세계 스포츠팬으로부터 쏟아지는 응원과 격려를 받았다.

이처럼 불안 고백은 많은 사람에게 당신을 지지하고 응원할 마음을 갖게 한다. 불안한 마음을 털어놓는 것은 또 다른 도전이자 시작이다. 새로운 도전을 이어나갈 용기를 갖게 한다. 이러한 용기를 냈던 또 다른 유명인 중에는 영국의 해리 왕자가 있다. 그는 자신의 어머니 다이애나 왕세자비가 죽은 이후 오랜 시간 불안을 겪어왔다. 어느 날 그는 한 인터뷰에서 자신이 겪어왔던 불안의 시간과 극복과정을 상세히 털어놓았다. 그렇게 힘들었던 과거를 털어놓은 해리 왕자는 영국인은 물론 전 세계인에게 뜨거운 공감과 응원을 받았다.

불안한 마음이 있다면 털어놓아 보자. 불안은 감출 필요가 없는 감정이다. 털어만 놓는다면 얼마든지 좋아질 수 있는 심리 상태다. 지금 당신에게 필요한 것은 그 불안을 마주할 수 있는 용기다.

스트레스·분노·억울한 감정에
휘둘리지 않기

최근 20대 초반 남성 B씨와 상담하면서 '스트레스 해소 방'이라는 것을 알게 되었다. 그곳에 가면 마음껏 소리 지르고, 그 안에 있는 물건을 마구 부수고, 그릇을 마음대로 집어 던질 수 있다고 한다. 그렇게 하는 목적은 스트레스를 풀기 위해서다. 마음껏 소리치고 물건을 때려 부수며 스트레스를 푸는 방식이다. 그 설명을 듣고 '와, 그런 곳도 있구나' 싶었다.

물론 그런 식으로라도 스트레스를 풀 수 있다면 다행이다. 그렇게라도 풀지 않으면 스트레스가 어떤 방식으로 폭발할지 모르기 때문이다. 문제는 그것을 푸는 방법의 지속성과 현실성이다. 스트레스, 분노, 억울함을 느낄 때마다 그런 식으로 해결할 수는 없지 않은가? 스트레스를 받을 때마다 습관적으로 술·담배에 의존하거나 음식을 과다하게 섭

취하는 방법도 마찬가지다. 그러한 행동은 스트레스를 일시적으로 덜 느끼도록 할 수는 있지만 장기적으로는 스트레스 해소에 도움이 안 된다.

한 연구 결과를 보면 분노, 좌절 등의 감정을 평화롭고 차분한 방법으로 표현하는 것이 기분 회복과 행복감 상승에 효과적인 것으로 나타났다. 이처럼 분노나 스트레스 같은 파괴적 감정은 더 차분하고 평화로운 방식으로 해결하는 것이 자기 자신은 물론 모두를 위한 일이다. 다만 이런 감정은 관계가 없는 제삼자에게 털어놓는 것보다 원인을 제공한 당사자에게 털어놓는 것이 효과적이다. 우울, 불안, 무기력 등 다른 감정보다 비교적 명확한 원인을 제공한 당사자가 있기 때문이다.

예를 들어, 중간에서 말을 이상하게 전달해 괜한 오해를 받게끔 만든 사람, 분명히 토요일이라고 말해놓고선 나중에 가서 일요일이라고 했다며 우기는 사람, 나이가 많다는 이유로 말끝마다 은근슬쩍 말을 놓아 기분 나쁘게 만드는 사람, 약속시간에 밥 먹듯 늦으며 별로 미안해하지 않는 사람 등이 지금 내가 느끼는 분노, 짜증, 스트레스의 명확한 원인이 된다.

부정적 감정에 휩싸이지 않으려면 이 감정의 원인 제공자들과 감정을 해결하는 대화를 해야 한다. 이때 상대방이 격

나를 치유하는 마음 털어놓기

분하지 않도록 감정을 차분하게 전달하는 것이 중요하다. 감정을 털어놓다가 상대방 감정이 격해지면 괜한 감정싸움으로 번질 우려가 있기 때문이다. 이때 중요한 감정 표현 기술은 '나 전달법I-message'이다. 나 전달법은 자신을 주어로 하여 감정을 전달하는 말하기 방법이다.

다음 두 문장을 살펴보자.

> You-message: 네가 나를 화나게 했잖아.(You가 주어)
>
> I-message: 네가 그때 하는 말을 듣고 나는 화가 났어.(I가 주어)

비슷해 보이지만 차이가 있다. 첫 번째 문장은 화를 나게 만든 사람이 상대방이라고 생각하는 전제가 깔려 있다. 듣는 사람으로서는 '내가 너를 화나게 만들었다고? 내가 언제? 왜? 나 아닌데?'라는 생각이 들며 반발심이 생길 수 있다. 반면, 두 번째 문장에는 그런 전제가 없다. "네가 그렇게 말을 할 때 나는 이런 기분이 든다"라고 하는 방식이기 때문이다. 그런 기분이 드는 주체는 나다. 내가 그런 기분이 드는 것은 내 마음이다. 내 마음이 그렇다는데 상대방이 왈가왈부할 것이 없다. 공격의 명분이 사라진다. 그러므로 누군가 약속시간에 밥 먹듯 늦어 분노와 짜증을 자주 느낀다면 더 참지 말고 다음과 같이 표현해보자.

"네가 약속시간에 늦을 때면 나는 화가 나."

"여러분이 제시간에 오지 않을 때마다 저는 제가 무시당하는
것 같은, 제가 별로 중요한 사람이 아닌 것 같은 느낌이 듭니다."

이렇게 '나'를 중심으로 한 감정 털어놓기는 꽤 유용하다.
상대를 격분시키지 않으면서 자신이 하고 싶은 말을 하도록
해주기 때문이다. 드러내고 싶은 감정을 마음껏 드러내도록
도와주기 때문이다. 이렇게까지 했는데 상대가 오히려 기분
나빠하면서 적반하장賊反荷杖의 반응을 보인다면? 그런 사람
과는 일단 거리를 두자. 잠시 감정 교류의 휴식기를 갖자. 상
대 반응 때문에 감정이 격해질 때는 잠시 거리를 두며 분노
를 가라앉히는 것이 필요하다.

아내가 얼마 전 아들 녀석에게 화가 났다. 아들이 학원 숙
제를 제대로 하지 않았기 때문이다. 아내는 학원의 전화를
받고 그 사실을 알게 되었다. 순간적으로 아들에 대한 배신
감과 분노감에 휩싸였을 것이다. 아내는 몹시 화가 나서는
아들에게 화를 내기 전 내게 전화했다. 그리고 아들 일로 화
가 몹시 났는데 어떻게 하면 좋겠냐고 물었다.

"일단 오늘 밤에는 화내지 말고 하루만 더 지난 뒤 내일 다시
얘기해보는 것이 어떨까? 당신이 화를 내는 것보다 중요한 건

아이가 자신이 무엇을 잘못했는지 정확히 이해하고 다음에 똑같은 잘못을 저지르지 않도록 하는 것 아니겠어?"

아내는 수긍한 듯 그날 밤은 아들에게 말을 하지 않고 그냥 넘어갔다. 다음 날이 되니 어제만큼 화가 나진 않는다고 했다. 화가 덜 난 만큼 감정을 잘 추스르고 자기 생각과 감정을 잘 전달할 수 있었다.

감정을 다스릴 수 있다면 더 잘 표현할 수 있다. 소리 지르고 날뛰어야만 화가 났다는 사실을 표현할 수 있는 것은 아니다. 차분히 말해도 감정을 충분히 전달할 수 있다. 주체하기 힘들 정도로 화가 나고 분노가 끓어오를 땐 하루만 그냥 보내보자. 하루만 지나면 좀 더 차분하게 자기가 원하는 방향으로 감정을 표현할 수도 있다.

어쨌든 중요한 것은 스트레스, 분노, 억울함, 짜증을 느낄 때 그것을 당사자와 원만하게 대화로 풀어내는 것이다. 그것들은 반드시 풀어지고 해결돼야 하는 감정이다. 그렇게 할 수 있는 감정이다.

자책하는 마음일수록
빨리 털어놓기

30대 직장인 K씨와 상담했다. 회사생활을 하며 답답함, 무기력감, 불면증 등의 증상을 겪고 있었는데, 그 이유를 물어봤다.

나: 많이 힘드시겠네요. 그런 증상을 겪게 된 짐작하는 이유가 있을까요?

K씨: 잘 모르겠습니다….

그도 그 이유를 잘 모르겠다고 했다. 나는 '물론 그러니 상담을 받으러 오신 것이겠지'라는 생각을 했다. 그는 나와 상담하는 내내 눈도 마주치지 않았다. 줄곧 아래만 보았다. 그런데 상담하다 보니 이유를 알 만한 실마리를 발견했다. 사람에 대한 스트레스가 있다고 했다.

나: 사람에 대한 스트레스가 있으신가 보군요. 주로 어떤 상황에서 그런 스트레스를 받으세요?

K씨: 제가 싫어하는 사람과 함께 있어야 할 때요. 그 사람을 피하고 싶을 때요."

나: "아 그러시군요…. K님은 어떤 사람이 싫으세요?

K씨: 욕을 하고 남을 험담하는 사람이 싫어요.

알고 보니 그분은 직장 동기 중 L씨와 불편한 관계에 있었다. L씨가 K씨에 대해 뒷담화를 하고 안 좋은 소문을 낸 것이다. "K는 열등감이 있는 사람이다"와 같은 소문이었다. 이 소문을 건너 들은 K씨는 L씨를 찾아갔고 다시는 그런 소문을 내지 말라고 요청한 적도 있다. 하지만 L씨의 태도는 의외였다.

"내가 왜? 난 네가 열등감이 있는 것처럼 느껴지는 게 사실인데? 난 내가 느끼는 대로 얘기하고 다닐 건데?"

K씨는 어이가 없었다. 화가 났다. 머리끄덩이라도 잡고 싶었지만 참았다. 진짜 말이 안 통하는 인간이라고 생각했다. 그런데 뭔가 이상했다. L씨가 회사에서 다른 사람들하고는 잘 지내는 것처럼 보였기 때문이다. 그런 모습을 자주 접하

다 보니 K씨는 이런 생각이 들었다.

'어라? L이 다른 사람들하고는 잘 지내네. 그럼 쟤와 잘 지내
지 못하는 내가 이상한 건가?'

그때부터 K씨는 자신에게 문제가 있는 것은 아닌가 생각
하기 시작했다. 자신이 이상한 사람일 수도 있겠다고 생각
하던 중 나와 상담하게 된 것이다. 나는 이렇게 말해주었다.

"아니에요. L씨가 이상한 거죠. 보통 사람은 누군가에 대한 소
문을 내지 말아달라고 요청받으면 대부분 인정하고 자기 태도를
바로잡으려고 합니다. K님이 이상한 게 아니니 자신에게 원인을
돌리거나 자신을 원망하지 않았으면 좋겠습니다."

그가 상담실에 와서 마음을 털어놓은 것이 천만다행이라
는 생각이 들었다. 자책하는 마음을 표현하지 않고 끙끙댔
다면 혼자서 더 괴롭고 우울해졌을 테니 말이다. 그러면서
부정적 생각에 더 깊이 빠졌을 가능성이 크다. 자책하는 마
음은 자존감이 하락한 상태에서 더 자주 일어날 수 있다.

프린스턴대학교 사회학과 모튼 로젠버그^{Morton Rosenberg}
교수는 자신의 책《사회와 사춘기 자아 이미지^{Society and the}

Adolescent Self-Image》에서 자존감이 낮은 사람들이 부정적인 일이 일어났을 때 자신을 더 많이 탓하는 경향이 있다고 했다.

당신이 최근 별것 아닌 일로 자꾸만 자신을 원망하거나 탓하는 것 같다면 어떤 일로 자존감에 상처를 입지는 않았는지 점검해보자. 만약 그런 것 같다면 자책하는 마음을 더 빨리 털어놓아야 한다. 초기에 털어놓을수록 자신을 탓할 일이 아니라는 사실을 명확히 깨달을 수 있다.

자책하는 마음은 사과 상자에 들어 있는 썩은 사과 한 개와 같다. 썩은 사과는 그대로 두면 다른 사과까지 썩게 만들기에 얼른 꺼내서 다른 사과들과 분리해야 하듯이 작은 부정적인 생각도 초기에 얼른 꺼내서 다른 사람에게 보여야 한다. 그래야 그 생각이 정말 합당한지, 자신을 탓할 일인지 정확히 판단할 수 있다. 여러분도 어떤 일로 자책하고 있다면, 그 마음을 될 수 있는 한 빨리 주위 사람에게 털어놓자.

자책하는 속마음을 다른 사람에게 털어놓아야 하는 또 다른 이유는 자기 관점이 얼마나 합리적인지 객관적으로 판단할 수 있기 때문이다.

'아이가 그런 일을 겪게 된 게 부모인 내가 제대로 살피지 못한 탓이라고 생각했는데…. 내가 지금 말을 하면서 생각해 보니 그런 상황이었다면 어떤 부모도 막을 수 없었을 것이라는 생각이 들어.'

'내가 하필 그때 아버지와 함께하지 못해 일이 그렇게 되었어. 하지만 너와 얘기하다 보니 그때는 그럴만한 이유가 있었네. 다시 그 상황에 있다 하더라도 아버지와 함께하지는 않았을 것 같아. 생각해보니 그건 정말 어쩔 수 없는 일이었어.'

이처럼 자책하는 마음을 털어놓으며 자신이 정말 잘못했는지, 그런 생각은 어디에서 왔는지, 앞으로 내가 무엇을 할 수 있는지 깊게 따져볼 수 있다.

"가르치며 배운다"라는 말이 있다. 막연히 알고 있는 지식을 누군가에게 설명하면서 자신도 더 잘 이해할 수 있다. 자책하는 마음도 마찬가지여서 이런 감정을 누군가에게 설명할 때 그 감정의 출처를 더 잘 파악할 수 있다. 그리고 자신을 그리 탓할 만한 일이 아니라는 사실을 깨달을 수 있다.

자신에게 너무 가혹하지 않았으면 좋겠다. 자책하는 마음은 사실 당신 잘못이 아닌지도 모른다. 누구라도 그랬을 수 있다. 스스로 탓하는 마음이 있다면 지금 바로 털어놓자. 그리고 위로와 용기를 얻자. 자기감정을 객관화해서 살펴보는 것은 자신을 보호하는 중요한 심리 습관이다.

나를 치유하는 마음 털어놓기

할 말은 하고 살기

'그냥 내가 참지 말해 뭐 해. 괜히 싸움만 나지.'

이런 사람을 만날 때가 있다. 자신만의 생각으로 꽉 막혀 있는 사람, 남의 말은 들으려 하지 않는 사람, 항상 자신이 맞는다고 믿는 사람. 이런 사람을 만나면 더는 아무 말도 하고 싶지 않다. 어차피 시간 낭비라는 생각을 지울 수 없다.

하지만 '그래도 이건 정말 아니다'는 생각이 들 땐 얘기를 해주어야 직성이 풀린다. 상대방의 어떤 행동 변화를 바라는 것이 아니라 나 자신을 위한 것이다. 그렇게라도 표현하면 낫기 때문이다. '그래도 내가 하고 싶은 말은 했다. 할 만큼 했다'는 만족감을 얻을 수 있다. 나중에 혹시라도 내가 하고 싶은 말을 다 하지 못해 밀려오는 아쉬움은 남기지 않을 수 있다.

중독, 정신건강, 스트레스와 관련된 주제에 관해 활발한 연구를 수행하고 있는 캐나다의 심리학자 가보르 마테는 "표현되지 않은 삶은 가치가 있는 삶이 아니다"라고 했다. 이 말에서 자기 마음, 생각, 느낌을 잘 표현하는 것이 얼마나 중요한지 다시 한번 알 수 있다.

20대 후반 직장인 H씨와 상담을 진행하였다. 그는 최근 자신에 대한 잘못된 소문이 회사에 돌아 마음고생을 하고 있었다. 자기가 조금이라도 마음에 들지 않는 사람이 생기면 인사팀에 불만 사항을 고발한다는 소문이었다. 그로서는 황당할 수밖에 없었다. 사소한 것이라도 놓치지 않으려고 메모하는 습관 때문에 생긴 오해인 듯했다. 아마도 평소 그를 미워하거나 시기하는 누군가가 나쁜 마음으로 그런 소문을 퍼트린 것 같았다.

그는 나와 심리상담을 3개월 이상 이어갔다. 사실 상담에서 내가 그에게 명확한 문제 해결 방법을 제시해준 것은 아니다. 나는 그저 그의 말을 듣기만 했다. 때론 안타까움으로, 때론 놀라움으로 그의 말을 듣고 공감해 주었다. 그의 침묵에 침묵으로 동참하기도 했다. 3개월을 상담한 어느 날, 그날의 상담을 끝낼 때쯤 물어보았다.

나: 지금껏 상담하면서 어떠셨나요? 문제의 해결책은 찾으신

것 같나요?

H씨: 저에 대한 소문에 어떻게 대처해야겠다는 구체적인 방법은 찾지 못했지만 이렇게 정해진 시간에 와서 제 얘기를 하는 것만으로 풀린 것이 있지 않나 생각합니다.

그랬다. 그는 문제에 대한 실질적 해결책을 찾지는 못했지만 자신의 괴로움, 억울함, 우울감, 분노감을 털어놓는 과정에서 그 감정이 조금씩 옅어짐을 느꼈다. 묵묵히 들어주는 일, 묵묵히 곁에 있는 일, 자신을 도와주고 싶어 하는 사람이 있다는 사실을 깨닫게 해주는 일이 상담의 중요한 목적 중 하나다.

일반적으로 우리는 마음을 털어놓았을 때 상대방과 관계가 깊게 느껴지고, 행복감이 더해지는 것을 느낄 수 있다. 누군가와 관계를 깊게 느낄 때 스트레스 수준이 낮아지는 것은 두말할 필요가 없다.

이처럼 속마음을 얘기하는 것만으로 상대와 깊은 유대감을 나눌 수 있다. 마음을 털어놓는 것만으로도 스트레스가 풀리며 마음이 진정되는 효과가 있다. 막혔던 무언가가 속에서 쑥 내려가는 느낌을 받을 수 있다. 그러니 지금 당신 마음이 불편하다면, 뭔가 우울하고 힘들다면 누군가에게 그 마음을 꺼내보길 바란다. 당신이 그럴 만한 용기가 있는 사람이면 좋겠다. 그럴 용기가 없다면 용기를 내어볼 수 있는 사람이면 좋겠다. 얘기할 상대가 없다면 간단한 몇 문장으로도 적어보길 바란다. 글로도 해결이 안 된다면 나에게 털어놓아도 된다.

자신의 감정을 더 잘 관찰할 수 있는 만큼 우리는 우리 감정 상태를 더 잘 알 수 있다. 심리학자 지그문트 프로이트의 정신분석이론Psychoanalytic theory을 따르면 심리적 고통은 주로 억압된 감정에서 비롯된다. 그러므로 억압된 감정을 꺼내주고 표현해 줌으로써 심리적 건강 회복을 앞당길 수 있다. 몸과 마음의 상처 치료는 일단 둘 다 꺼내는 것에서 시작된다.

당신에게 지금 필요한 것은 상처받은 마음을 꺼내는 작은 용기다.

나를 치유하는 마음 털어놓기

부러운 마음도
털어놓으면 좋은 이유

살다 보면 누군가가 부러워지는 순간이 있다. 나보다 돈을 많이 버는 사람, 나보다 좋은 직업을 가지고 있는 사람, 나보다 키가 큰 사람, 나보다 예쁜 사람, 나보다 시간이 많은 사람, 나보다 마음이 여유로워 보이는 사람, 나보다 진급을 빨리하는 사람, 나보다 여행을 자주 다니는 사람, 나보다 똑똑해 보이는 사람, 나보다 아는 것이 많은 사람, 나보다 운동을 잘하는 사람, 나보다 성격이 좋아 보이는 사람 등 부러운 사람의 종류는 한도 끝도 없다.

다른 사람들은 다 잘난 것 같고, 나만 못난 것 같다. 이런 질투의 마음을 달래려고 우리가 무의식적으로 하는 행동 중 하나가 '타인의 흠집 찾아내기'다. 나의 잘난 면을 찾아내기는 힘드니 타인의 못난 면, 흠집을 찾아내는 것이다. 그렇게 해야 내 자존감을 지키고 안심할 수 있기 때문이다.

"어찌하여 형제의 눈 속에 있는 티는 보고 네 눈 속에 있는 들

보는 깨닫지 못하느냐."

대한성서공회가 제공하는 성경의 마태복음 7장 3절에 나

와 있는 말이다. 여기서 '들보'는 전통 한옥 지붕 안쪽 나무

를 잇는 통나무를 말한다. 그중에서도 큰 들보를 '대ᄎ들보'

라고 한다. "너는 우리 집의 대들보야" 할 때 그 '대들보'이

다. 이 문장에서 들보는 '큰 흠'을 상징한다. 그렇게 큰 흠이

자기 눈에 있지만 정작 그것은 보지 못하면서 타인의 눈에

있는 작은 티는 쉽게 본다는 의미다.

그래서 그럴까? 타인의 흠은 유독 눈에 잘 들어온다. 타인

의 이에 낀 고춧가루, 빠진 속눈썹, 번진 화장, 기미·주근깨,

목의 주름, 처진 팔뚝살 등 끝이 없다. 흠이 안 보이면 보일

때까지 찾기도 한다. 일부러 찾으려는 것도 아닌데 보인다.

왜 우리는 타인의 흠을 찾으려고 할까? 완벽해 보이는 사람

을 보면 왜 묘한 적대감(?)에 휩싸일까?

사회적 비교 이론Social comparison theory을 따르면 사람은 자

신의 능력이나 상태를 확인하기 위해 자신을 타인과 비교하

는 경향이 있다. 즉 자신을 평가하려고 타인을 끌어들이는

것이다. 이 과정에서 타인의 결점을 찾아내고 싶은 유혹을

느낀다. 타인의 결점은 비교에서 자신에게 유리하게 작용하

기 때문이다.

누군가 40대 중반이면 인생이라는 긴 레이스에서 중반에 해당한다고, 경기의 중반에 오면 내가 얼마나 잘 살아가는 지 평가하고 싶어진다고 말했다. 나 역시 인생의 중반을 맞이한 지금 내가 얼마나 잘 살아가는지 궁금해질 때가 있다. 그런데 나 혼자만으로는 판단하기 어려우니 또래에게 눈을 돌린다.

'저 사람은 나보다 연봉을 더 많이 받네? 하지만 나보다 머리 숱이 적지.'
'저 사람은 나보다 골프를 잘 치네? 하지만 나보다 키가 작지.'
'저 사람은 나보다 더 좋은 차를 타네? 하지만 나는 더 안정된 결혼 생활을 하고 있지.'

나도 모르게 다른 사람을 깎아내림으로써 나 자신을 좋게 평가한다. 나름 잘 살아간다고 판단한다. 하지만 그것이 과연 좋은 생각일까? 그런 행동이 내게 도움이 될까? 전혀 그렇지 않다. 차라리 타인과 비교를 멈추고 부러운 마음을 인정하는 것이 낫다. 어차피 절대적으로 좋은 것, 절대적으로 나은 것은 없기 때문이다. 타인이 어떻게 살아가든 내가 만족하면 그만이다. 다른 사람이 어떤 차를 타든, 어떤 직업을 가지고 있든, 어떤 사람과 살든 내가 타는 차, 내가 하는 일, 나와 함께 살아가는 사람과 행복하다면 그만이다.

그 과정에서 누군가가 부러워 보일 수 있다. 그런 마음을 억지로 숨기지 말자. 그럴수록 부정적 감정이 남아 부작용으로 나타날 수 있다. 그 사람을 이유 없이 싫어함으로써 괜히 자기만 손해 볼 수도 있고, 스트레스가 안으로 쌓여 두통, 소화불량, 어지러움 등 신체 증상을 겪을 수도 있다. 그러므로 누군가를 부러워하는 마음이 들면, '저 사람은 저래서 좋겠네. 이 사람은 이래서 좋겠다' 생각하며 부러움을 당당히 표현하자. 그것이 긍정적인 마음과 안정된 심리상태를 유지하는 데 더 도움이 된다.

한 연구를 따르면, 타인에 대한 부러움을 인정하고 표현한 사람들이 부러움을 억압하거나 부인한 사람들보다 심리적 안정감을 더 빨리 회복하는 것으로 나타났다. 또 다른 연구를 보면 타인에 대한 시기심을 겉으로 표현하는 사람이 더 높은 심리적 안정감과 삶에 대한 높은 만족감을 느끼는 경향이 있다. 이처럼 부러운 감정을 표현하는 것은 자신에게 정신적 이득이 될 수 있다.

나도 20, 30대 때는 누군가를 부러워하는 속마음을 잘 표현하지 못했다. 부러운 감정을 표현하는 것이 그 사람보다 못났다고 인정하는 것처럼 느껴졌기 때문이다. "부러우면

지는 거다"라는 말이 마냥 농담처럼 느껴지지 않았다.

하지만 완벽한 사람은 없다는 사실을 어느 순간 깨달았다. 모든 면에서 나보다 잘나 보이는 사람도 분명 나보다 못한 점이 있다는 진리를 깨달았다. 모든 면에서 완벽해 보이는 누군가도 나의 어떤 점을 부러워할 수 있다는 사실을 알게 되었다. 부러움은 결국 '상대적'인 것이다. 이 점을 깨닫고 난 뒤에는 누군가의 어떤 점이 부러워지면 그것을 자연스럽게 받아들이고 상대에게 대놓고 말했다.

> "와, 옷이 정말 잘 어울리는데요. 체형이 멋지십니다."
> "와, 공이 정말 잘 맞는데요(골프). 공이 똑바로 잘 날아갑니다. 진짜 부럽습니다."
> "와, 너는 정말 행복한 가정에서 사는 것 같다. 부럽다."

처음에는 이런 고백(?)이 쑥스러웠지만 하다 보니 할 만했다. 내가 이렇게 반응해주니 상대도 좋아했다. 그럴 수밖에 없다. "부러워요"라는 말을 들으면 자신의 어떤 모습을 인정해주는 것 같기 때문이다. 그러면서 부럽다는 말을 해주는 사람에게 호감이 생긴다. 상대에게 부러움을 표현하는 것은 상대와 자신을 모두 위하는 말솜씨가 된다.

'부럽다'고 말하는 것은 열등감의 표현이 아니다. 타인의

특정한 면을 인정하고 칭찬하는 자신감과 여유로움의 표현
이다. 그렇게 함으로써 자신도 심리적 안정감을 느낄 수 있
고, 상대로부터 호감도 얻을 수 있다. 그러므로 누군가 부러
운 사람이 있다면 마음껏 표현해보자. 부러운 마음을 인정
하고 그것을 과감하게 말해보자. 그렇게 바로 해볼 수 있는
당신의 실행력이 나는 부럽다.

기쁜 마음 두 배로 만끽하는 법

누구나 기쁜 순간을 경험한다. 시험에 합격했을 때, 원하는 회사에 취업했을 때, 여행지에 도착했을 때, 먹고 싶어 하던 음식을 먹게 되었을 때, 좋아하는 사람과 연결되었을 때, 사랑하는 사람을 만났을 때, 원하던 물건을 손에 넣게 되었을 때, 건강을 회복하였을 때, 기다리던 택배가 도착했을 때 우리는 기쁘고 행복하다. 그런데 그 순간, 그런 기쁨과 행복을 나눌 사람이 없다면 어떨까? 혼자서만 기뻐해야 한다면 어떨까? 아마도 그 기쁨과 행복을 온전히 느끼기에는 뭔가 부족하다고 느껴질 것이다.

《희박한 공기 속으로Into Thin Air》의 작가 존 크라카우어Jon Krakauer는 "행복은 나눌 수 있을 때만 진짜다"라고 했다. 그의 말처럼 행복한 순간을 나누지 못한다면 진정으로 행복한 것이 아닌지도 모른다. 행복한 순간을 나눌 사람이 없다면 그것은 새로운 고통이 될 수 있다. 행복과 기쁨을 다른 사람과 나누는 것은 그러한 기분을 더욱 강화해준다는 연구 결과도 있다. '긍정적 감정의 확장 및 구축 이론broaden-and-build theory of positive emotions'을 따르면 자신의 행복, 기쁨, 만족과 같은 긍정적 감정을 타인과 나누는 것은 그러한 감정을 더욱 강화해주고 타인과의 사회적 연결을 촉진하는 효과가 있다. 이는 심리적 회복과 정서적 안정감 형성에도 도움을 준다. 기쁜 일, 행복한 일을 주위 사람과 나누면 좋은 이유다. 그렇게 행복한 기분을 만끽할 수 있고 더 강하게 오래 지속될 수 있으며 또 다른 도전에 대한 열정을 부여한다.

좋은 감정을 나누는 행동은 연인 사이에서도 도움이 된다. 미국 캘리포니아대학교 심리학과 셸리 게이블Shelly Gable 교수는 긍정적 기분을 주위 사람과 나누는 행동의 효과를 연구했다. 그 결과, 자신의 연인이나 배우자와 기쁨, 행복, 즐거움 등 긍정적 경험을 나누는 사람은 그렇지 않은 사람보다 파트너에게 더 수준 높은 만족감과 친근감을 느끼는 것으로 나타났다. 연인이나 배우자와 기쁜 일을 마음껏 나눌 수 있다면 그만큼 깊은 사랑을 할 수 있다는 의미다. 물론 게임 아이템을 '득템'했다든지, 플레이스테이션 중고 게임기를 매우 싸게 구입한 기쁨을 아내와 나누기는 힘들 것이다. 이런 경우를 제외하고 웬만한 기쁨과 행복은 반드시 파트너

나를 치유하는 마음 털어놓기

와 함께 나누자.

기쁘거나 행복한 일이 있어서 주위 사람에게 말할 때 주의를 기울여야 하는 상황이 있다.

첫 번째, 그것이 너무 자기 자랑처럼 느껴질 수 있을 때이다. 그런 것이 걱정되는 상대라면 굳이 얘기하지 말자. 기쁨을 나누어서 추가되는 기쁨보다 추가되는 걱정이 더 크기 때문이다. 그런 사람과는 이번 기회에 차라리 적당한 거리를 두자. 자신의 기쁜 마음도 편하게 나눌 수 없는 사람이지 않은가? 사람은 누구나 자기 기쁨을 진정으로 함께 기뻐해줄 사람을 원한다. 나 역시 사람을 볼 때 힘든 일뿐만 아니라 좋은 일도 진심으로 축하해줄 수 있는지를 본다. 그것이 내가 사람을 보는 법이다.

누군가에게 기쁜 일이 있을 때 나도 마찬가지다. 누군가의 기쁜 일을 나는 과연 진심으로 축하해줄 수 있는지를 생각해본다. 평상시 안 좋은 감정이 있는 사람이라면, 꼴 보기 싫은 사람이라면 그 사람에게 좋은 일이 생겨도 썩 유쾌하지는 않다. 그런 사람에게는 애초에 마음이 열리지 않는다. 이런 관점에서 나에게 기쁜 일이 더 많이 생기는 것보다 기쁜 일을 나눌 수 있는 사람이 더 많이 생기면 좋겠다. 좋은 일은 있다가도 쉽게 사라질 수 있지만, 좋은 사람은 한 번 있으면 쉽게 사라지지 않기 때문이다.

두 번째, 상대가 기쁨을 함께 나눌 만한 상황이 아닐 때다. 예를 들어 아내가 임신했다는 소식을 듣고 그 기쁨을 친구들이 있는 단톡방에서 나누고 싶지만, 난임으로 고생하는 친구가 그 단톡방에 있을 수 있다. 회사에서 과장으로 승진하여 기쁜 마음에 같은 층 동료 전원에게 커피를 쏘고 싶지만 그 가운데 진급에 실패한 동기가 있을 수도 있다. 주식으로 1,000만 원을 벌었기에 온 부서에 떠들고 싶지만, 1,400만 원을 손절한 동료가 있어서 이 기쁨을 혼자 삼켜야 하는 경우가 있을 수 있다. 이럴 때는 자신의 기쁨과 행복을 쉽게 표현하기 어렵다.

이럴 때 필요한 것이 바로 조용하고 은밀한 기쁨 표현이다. 이럴 때는 그런 집단과 전혀 관계가 없는 다른 친구들, 가족과 기쁨을 나누는 센스가 필요하다. 내 기쁨을 배가하고자 다른 사람의 슬픔을 가중해서는 안 되기 때문이다.

기쁜 일, 행복한 일을 털어놓고 나누는 것은 분명 필요하고 효과적인 일이다. 하지만 자기 마음과 상황에 따라 구별할 줄 아는 지혜도 필요하다. 여러분 앞날에 마구 털어놓고 싶은 기쁜 일, 주체하기 힘들 정도로 행복한 일, 지금 당장 말하지 않으면 잠이 오지 않을 만큼 좋은 일이 많이 생겼으면 좋겠다. 그리고 그런 일을 털어놓았을 때 진심 어린 축하를 해줄 사람들이 주위에 넘쳐나면 좋겠다.

○○ 하고 싶은 마음을
솔직히 말하면 좋은 이유

누군가에게 자신의 감정이나 욕구를 그대로 표현하는 것이 창피하게 느껴질 때가 있다. 예를 들어, 배가 고프다, 울고 싶다, 어디론가 훌쩍 떠나고 싶다, 죽고 싶다 같은 말은 쉽게 꺼내기 힘들다.

하지만 속마음을 있는 그대로 솔직하게 표현하는 것을 본 상대방은 당신에게 친근감과 호감을 느낄 수 있다. 하버드대학교 사회학과 조지 호먼스George Homans 교수가 제안한 사회적 교환이론Social exchange theory을 따르면, 자신의 필요와 욕구를 상대에게 솔직히 표현할 때 상대방에게서 협력을 이끌어낼 가능성이 커지는 것으로 나타났다.

졸리면 졸리다고 말하고, 먹고 싶으면 먹고 싶다고 말하자. 서운하면 서운하다고 말하고 그만두고 싶으면 그만두고 싶다고 말하자. 자신의 욕구, 희망, 바람을 있는 그대로 표현하자. 그렇게 하기에 뭔가 부끄럽다고, 왠지 교양 없어 보인다고 생각하지 말자. 당신의 솔직한 표현을 상대방은 더 진심으로 느끼고 긍정적으로 받아들일 수 있다. 상대방이 당신이 원하는 것을 더 명확히 알게 되는 만큼 당신을 더 확실히 도와줄 수 있다.

조직에서 근무할 때 오후 3, 4시가 되면 어김없이 배가 출출했다. 배가 고플 때마다 나도 모르게 혼잣말로 "아, 배고프다"라고 중얼거렸다. 그때 주위 동료 중에는 그 말을 듣고 자신의 간식을 조금씩 나눠준 천사가 있었다. 그럼 나는 감사한 마음으로 그 간식을 얻어먹곤 했다. 나중에 들은 이야기이지만 그렇게 간식을 나누어준 동료는 그런 내가 친근하게 느껴졌다고 한다. 배가 고플 때 배고프다고 말하는 사람을 보며 '아, 저 사람도 똑같은 사람이구나' 하는 생각을 했다고 한다.

브레네 브라운Brené Brown은 인간관계를 전문적으로 연구하는 작가이자 강연가이다. 그녀는 자신의 저서 《취약함의 힘Power of Vulnerability》에서 자기 욕망과 감정을 정직하고 솔직하게 표현하는 것이 타인과 더 깊고 의미 있는 관계를 구축하는 데 도움이 된다고 주장했다. 감정과 욕망을 솔직하게 말하는 것은 자신을 취약하게 보이게 하는 것이 아니라 다른 사람들과 친근한 관계를 맺는 데 필수 요인이라고 설명했다.

심리학자 존 가트맨John Gottman 박사는 인간관계에서 성공하거나 실패하는 요인을 연구하는 데 수십 년을 바쳤다. 그가 연구에서 얻은 중요한 사실 중 하나는 성공적으로 잘 지내는 커플은 욕망, 필요, 감정을 서로 정직하게 공개하는 공통된 특징이 있다는 것이다.

연인 간, 부부간, 친구 간에 자신이 바라는 것, 희망하는 것, 원하는 것을 솔직히 표현할 수 없다면 제한된 관계에 머물러 있는 게 아닐까? 큰 만족을 얻을 수 있을까? 서로 솔직한 욕구를 말하는 사이가 될 때 그 관계는 더 깊어지고 각별해질 것이다.

평상시 관계에서 자기 욕구를 솔직히 드러내는 연습을 하자. 언제든 내 마음을 편하게 털어놓을 수 있는 사람을 많이 만들어두자. 그런 사람이 당신 주위에 많았으면 좋겠다. 연인, 친구, 스승, 배우자, 거래처 직원, 심리상담가 등 그 누구라도 상관없다. 그런 든든한 마음 지원군을 평소에 곁에 많이 두자.

내가 아는 한 부부는 언젠가부터 해마다 서로의 생일이 되면 부담스러워했다. 배우자의 생일 때마다 선물을 챙기고 이벤트를 기획하는 것이 부담되었기 때문이다. 하지만 솔직히 말하고 그냥 넘어가자니 상대방이 서운해할까 봐 어쩔 수 없이 계속했다. 그 어쩔 수 없는 상태로 배우자의 생일을 열 번씩 서로 챙겨주었다. 그다음 배우자 생일에는 남편이 먼저 용기를 냈다.

> "여보, 내가 당신 사랑하는 거 알지? 근데 솔직히 내 생일 때마다 당신이 생일 선물 챙기고 이벤트를 만들어주려는 모습이 마음에 걸려. 물론 좋은 마음에서 그렇게 하는 것이겠지만 당신이 매번 그런 것을 챙기기가 힘들 거라는 생각이 들어. 솔직히 나 역시 그럴 때도 있고 말이야. 그래서 말인데 앞으로 우리 생일날에는 선물이나 이벤트 없이 마음으로만 챙겨주는 건 어떨까?"

남편이 용기 내 속마음을 털어놓자 아내도 이에 동의했다. 아내는 남편이 이 얘기를 먼저 꺼내주어 고맙다고 했다. 아내도 이런 마음이 있었지만 혹시 남편이 서운해할까 봐 꺼내지 못했던 것이다. 이를 계기로 이 부부는 더욱 깊게 연결된 느낌을 느꼈고, 다른 문제들도 더 솔직하게 표현하고 의견을 나누게 되었다.

단순히 오래 알고 지냈다고, 오랜 시간 함께 살았다고 관계가 저절로 깊어지는 것은 아니다. 마음을 터놓고 나눌 수 있어야 관계가 깊어지고 튼튼해진다. 속마음을 털어놓는 데는 그런 힘이 있다. 누군가의 아내이고, 누군가의 애인이고, 누군가의 동료인 당신이 해볼 차례다.

우리 말하는 것과 듣는 것 중
무엇을 선호할까?

사람은 본능적으로 말하는 것을 선호할까, 듣는 것을 선호할까?

먼저 우리 집 상황을 보면 사람은 본능적으로 말하는 것을 선호한다는 사실을 알 수 있다. 어른보다 상대적으로 본능에 충실하다고 볼 수 있는 아이들이 그 증거다. 우리 집 아이들은 하고 싶은 말이 생기면 자기도 모르게 어른들 대화에 끼어들곤 한다.

(부모의 대화가 진행 중인 상황)

동건: 엄마, 근데 있잖아. 그건 말이지.

엄마: 동건아! 어른들 얘기할 때 끼어들지 말라고 했지?

동건: (시무룩)

이제는 성인에 대해 알아보자. 성인이 된 당신은 말하는 것을 좋아하는가, 듣는 것을 좋아하는가? 물론 성격에 따라 다를 수 있다. 당신이 내향적 성격에 가까우면 듣는 것을 선호한다고 생각할 수 있다. 하지만 엄마, 아빠, 친동생, 오래된 친구 등 당신이 편하게 생각하는 사람들에게도 그럴까? 아니다. 내향적인 사람들조차 편한 사람들과 있을 때는 속 시원히 자기 속마음을 표현한다. 편하게 자기 얘기를 한다. 이런 측면에서 본다면 어른도 듣는 것보다 말하는 것을 본능적으로 선호한다는 믿음이 든다.

심리학의 자기개방이론Self-disclosure theory을 따르면, 우리에게는 관계를 형성하고 지지를 얻고자 타인에게 자신의 개인정보를 공유하려는 본능적 욕구가 있다. 개인정보를 제공하는 가장 손쉬운 방법은 무엇일까? 자기 이야기를 털어놓는 것이다. 자기감정, 생각, 느낌을 표현하는 것이다. 이런 행동으로 상대방과 더 친숙한 관계를 형성할 수 있다. 말을 많이 하는 사람은 친밀감에 대한 욕구가 그렇지 않은 사람들보다 그만큼 더 많다고 볼 수 있는 이유다.

사람이 말하는 것을 듣는 것보다 선호한다는 점은 다음 말에서도 알 수 있다.

"대부분 사람은 이해하려는 의도로 듣지 않는다. 그들은 단지 자기 말을 하려고 듣는다."

미국의 교육학자 스티븐 코비Stephen Covey가 한 말이다. 이 말을 듣고 무릎을 탁 쳤다. 너무나 와닿았기 때문이다. 나 역시 부부싸움을 할 때 아내에게 말할 기회를 주는 일이 있다. 솔직히 고백하면 그것은 아내 말을 듣고 아내를 이해하려는 것이 아니다. 내가 말할 기회를 얻기 위해서다. 내가 일단 들어줘야 나도 말할 기회를 얻을 것 아닌가? 내가 제대로 한 번 공격하려고 상대가 공격할 기회를 한 번 주는 셈이다. 그런 꿍꿍이로 상대의 말을 들으니 상대가 하는 말이 잘 들어올 리 없다. 이는 부부, 친구, 연인, 동료와 다툴 때만 해당하는 것은 아니다. 우리가 말하는 것을 선호하는 경향이 있음은 일상 대화에서도 나타난다.

미국 보스턴대학교 심리학과 찰스 더버Charles Derber 교수는 그의 저서 《관심의 추구The Pursuit of Attention》에서 대화적 나르시시즘Conversational Narcissism이라는 개념을 소개한다. 이는 대화 중 상대방 이야기를 듣지 않고 자신의 주제로만 대화를 이어나가려는 행동을 뜻한다. 예를 들어 상대방이 말할 때도 자기 이야기나 소재를 끼워 넣어 대화 방향을 자기 위주로 바꾸는 대화 방식이다. 이런 경향은 상황이나 정도 차이만 있을 뿐 누구에게나 있는 말하기 본능이다.

소개팅을 나갔는데 상대가 마음에 꼭 든다면 어떨까? 아무래도 당신은 당신 이야기를 많이 하고 싶을 것이다. 될 수 있는 한 당신에 대해 많이 알려주어 상대가 당신에게 관심을 두게 하고, 그만큼 빨리 당신에게 친밀감을 느꼈으면 하는 바람에서 그럴 것이다. 심리학자 알트만Altman 박사와 테일러Taylor 박사가 주장한 사회관통이론Social Penetration Theory을 따르면, 사람들은 호감이 있는 상대에게 자기 정보를 더 많이 노출하려는 경향이 있는데, 그렇게 함으로써 상대방과 친밀한 관계를 유지할 수 있기 때문이라고 한다. 이 이론을 따르면 소개팅에서 상대가 말을 많이 했다면, 그만큼 상대가 당신을 마음에 들어 했을 가능성이 크다.

이처럼 우리는 본능적으로 말하는 것을 듣는 것보다 선호한다. 이것은 자연스러운 욕구이다. 그러므로 뭔가 감정이 쌓이고 하고 싶은 말이 있을 때 참는 것은 자연스럽지 못한 행동이고, 따라서 불편감을 줄 수밖에 없다.

인간중심 상담이론의 창시자인 심리학자 칼 로저스Carl Rogers는 "사람은 대부분 자신에 대해 말할 수 있기를 기다린다"라고 했다.

그의 말처럼 당신도 당신이 말하고 싶은 차례를 기다리는지 모른다. 그러한 마음이 있음을 숨기지 말자. 상대의 얘기를 들으며 적당한 시점에 자기 얘기도 털어놓아 보자. 그것이 자기 마음을 따르는 것이고 상대와 좀 더 친밀하고 가까운 관계를 만드는 비결이다.

나를 치유하는 마음 털어놓기

4장
마음을 털어놓는
삶의 무기 만들기

마음을 털어놓는
유형별 특성

한때 혈액형으로 자신을 소개하고 상대를 파악하는 경향이 있었다. A형은 소심하고 AAA는 완전히 소심하며, B형 남자는 '나쁜 남자'라는 식이었다. 나 역시 누군가에게 자기소개를 할 때 혈액형을 활용했다. "저는 AB형입니다. AB형은 천재 아니면 바보라고 하는데 저는 확실히 천재는 아닌 것 같습니다. 하하하." 이런 식으로 말하며 사람들의 웃음을 유도한 적도 있다. 지금은 MBTI가 그 자리를 대신하고 있다. MBTI로 자신을 소개하고 상대방을 파악하는 경향이 생긴 지는 몇 년 된 듯하다. MBTI는 Myers-Briggs Type Indicator의 약자로 성격 유형을 평가하고 이해하는 심리학적 도구로 널리 쓰이고 있다.

MBTI의 주요 개발자 이사벨 마이어스Isabel Myers는 원래 대학에서 성격심리학을 공부했다. 그녀는 제2차 세계대전

중 우연한 기회에 어떤 프로젝트에 참여하게 되었는데, 거기서 미국 병사들을 최적의 임무로 배치하는 일을 도왔다. 그 과정에서 어머니의 도움을 받으며 MBTI를 개발하게 되었다. 즉 우리가 밥 먹듯이 말하고 활용하는 오늘날의 MBTI가 본래는 군인들의 최적화된 임무 할당을 위해 만들어진 도구였다는 사실이 꽤 흥미롭다. 기존의 MBTI 유형별 특성을 참고하여 마음을 털어놓는 유형별 특성과 이때 주의할 점을 정리해보았다.

ISTJ(청렴결백한 논리주의자)

선호 방법: 마음을 털어놓을 때 현실적인 문제 해결에 초점 맞추는 것을 원할 수 있다. 자기 문제를 객관적 관점에서 분석하고 싶어 하고 상대에게 구체적 조언을 원할 가능성이 크다.

주의할 점: 현실적인 문제 해결에 초점을 맞춘 나머지 자신의 감정 표현에 소홀할 수 있다. 자신의 감정도 중요한 부분임을 잊지 말자. 자기 마음을 털어놓을 때 현실적·사실적 묘사에만 치중하지 말고 그로 인한 자신의 기분, 감정도 표현해보자. 현실적 문제와 솔직한 감정을 함께 털어놓는 노력이 중요한 유형이다.

ISFJ(용감한 수호자)

선호 방법: 마음을 털어놓을 때 상대로부터 따뜻하고 이해심

있는 반응을 원할 수 있다. 자기 마음을 얘기할 때 상대방이 감정적으로 반응하고 호응해주길 원하는 마음이 큰 편이다.

주의할 점: 상대방의 감정적 반응에만 신경 쓰다 보면 정작 자신의 문제 해결에 대한 조언을 구하는 것에 소홀해질 수 있다. 물론 마음을 털어놓음으로써 불편한 감정이 해결되고 상대방의 감정적 지원에 만족감을 느낄 수도 있지만, 현실적 문제 해결에도 관심을 가진다면 마음을 털어놓는 것의 효과를 확실히 볼 수 있다.

INFJ(선의의 옹호자)

선호 방법: 자기 마음을 털어놓는 과정에서 상대로부터 심층적이고 감정적인 대화나 분위기를 원할 수 있다. 상대방에게서 즉각적 이해와 공감을 받는 욕구가 큰 편이다.

주의할 점: 자신의 상황과 마음을 상대와 나누는 데는 시간이 걸릴 수 있음을 이해하는 노력이 필요하다. 혹시라도 상대방이 당신 마음을 바로 이해하지 못하거나 공감을 못 해주더라도 실망하지 않았으면 좋겠다. 마음을 털어놓는 데 많은 시간과 기회를 얻도록 노력하는 것이 필요함을 잊지 말자.

INTJ(용의주도한 전략가)

선호 방법: 자기 마음이나 문제를 표현할 때 논리적이고 전략

적인 토론을 원할 수 있다. 단순히 마음을 털어놓는 것으로 끝나는 게 아니라 문제 해결을 위한 명확한 계획, 전략, 해결책을 얻는 욕구가 강할 수 있다.

주의할 점: 감정적 표현을 배울 필요가 있다. 감정이 없는 사람은 없다. 자신의 문제 해결도 중요하지만 자기감정과 느낌에도 집중하면 좋겠다. 감정은 언제나 문제에 앞선다. 이것이 자신의 현재 감정과 느낌에도 관심을 가져야 하는 이유다.

ISTP(만능 재주꾼)

선호 방법: 속마음을 털어놓을 때 상대로부터 현실적이고 실용적인 조언과 해결책을 원할 수 있다. 자신의 문제를 해결하기 위한 논리적 접근을 선호할 수 있다.

주의할 점: 문제를 털어놓을 때 감정적인 부분도 중요시하면 좋겠다. 설령 상대가 현실적 조언이나 정보를 제공해주지 못한다고 해서 마음을 털어놓는 것 자체가 의미가 없다고 생각하지 않았으면 좋겠다. 그렇게 자주 꾸준히 마음을 털어놓다 보면 감정적으로 풀리는 부분도 분명히 있다. 또 문제의 실제적 해결 방법이나 통찰을 스스로 얻을 수도 있음을 참고하자.

ISFP(호기심 많은 예술가)

선호 방법: 감정적이고 예술적인 대화를 원하는 경향이 강할

나를 치유하는 마음 털어놓기

수 있다. 자신의 마음을 드러내고 표현할 때 감정적으로 될 수 있고 상대로부터 공감을 받는 것에 큰 의미를 둘 수 있다.

주의할 점: 속마음을 털어놓을 때 자기감정을 과장되게 드러내거나 추상적 표현을 즐겨 사용하면 상대방은 이해를 못 할 수도 있다. 그러므로 마음을 털어놓을 때는 상대방이 이해하고 공감할 수 있는 범위에서 벗어나지 않도록 유의하자. 상대로부터 공감을 받지 못했다고 해서 너무 서운해하지도 말자. 당신의 예술적·감성적 표현 방식의 어쩔 수 없는 한계임을 깨닫자.

INFP(열정적 중재자)

선호 방법: 마음을 털어놓음으로써 상대방과 따뜻하고 감정적인 교감과 공감을 얻고 싶어 하는 욕구가 큰 편이다. 마음을 털어놓는 과정에서 깊은 의미와 가치를 나누는 것을 중요하게 생각한다.

주의할 점: 자신의 내적 고민과 깊이에 치우치다 보면 정작 상대방은 눈에 보이지 않을 수 있다. 자기 마음을 털어놓는 순간 상대방을 너무 고려하지 않다 보면 상대방은 자신이 고민 쓰레기통, 감정 쓰레기통이 된 것처럼 느낄 수도 있기 때문이다. 물론 눈치를 보지 않고 마음을 털어놓는 것은 중요하지만 상대방이 부담스러워하지는 않는지, 힘들어하지는 않는지, 불편해하지는 않는지 가끔 확인해보는 것도 좋겠다. 자기 마음을 털어놓느라

상대방을 불편하게 할 수는 없지 않은가?

INTP(논리적인 사색가)

선호 방법: 평소 논리적이고 분석적인 대화를 원하는 경향이 강하다. 그러므로 자신의 상황이나 문제를 타인에게 털어놓을 때 상대로부터 문제에 대한 논리적 해결책, 조언을 받고 싶은 욕구가 클 수 있다.

주의할 점: 마음을 털어놓은 후 상대방이 보이는 감정에 자신도 모르게 냉담해지거나 이를 무시할 수 있다. 상대방은 당신 마음과 감정에 공감하고 싶어 하는데 당신이 그런 부분을 인지하지 못한다면 상대방은 무안해하거나 기분이 상할 수도 있다. 그러므로 마음을 털어놓을 때는 상대의 현실적 조언뿐만 아니라 감정적 반응에도 고마움을 표하자. 예를 들면, "네가 내 말을 들어주니 고맙다. 그것만으로도 속이 좀 후련해지는 것 같다"와 같은 표현이다. 상대방은 뿌듯해하며 당신을 더 도와주려 할 것이다.

ESTP(모험을 즐기는 사업가)

선호 방법: 마음을 털어놓음으로써 상대에게서 실질적 조언과 해결책을 얻고 싶어 하는 욕구가 강한 편이다. 문제를 해결하려고 바로 활용할 수 있는 도움이나 조언을 얻고자 하는 마음이

나를 치유하는 마음 털어놓기

앞설 수 있다.

주의할 점: 자신이 만족할 만한 해결책이나 조언을 듣지 못했다고 해서 자신도 모르게 상대방의 반응이나 의견을 가볍게 여기거나 무시하지 않도록 주의해야 한다. 당신 얘기를 들어준 상대방의 마음과 제시해준 의견을 그 자체로 존중하는 자세가 필요하다.

ESFP(자유로운 영혼의 연예인)

선호 방법: 기본적으로는 자기 마음을 표현하는 데 큰 거부감이 없는 편이다. 자기 이야기를 좀 더 쉽게, 자주 하는 편이다. 마음을 털어놓을 때 자기 마음뿐만 아니라 상대 또한 마음을 털어놓기를 바랄 수 있다. '나도 이만큼 내 마음을 털어놓았으니 너도 이 정도는 털어놓아야지' 하는 기대 심리가 있을 수 있다.

주의할 점: 마음, 감정을 수월하게 표현하는 편이다 보니 그 정도가 때로는 '폭발적'이어서 상대방을 당황하게 할 수 있다. 마음을 털어는 놓되 때, 장소, 상대방 기분도 고려해보자. 너무 급작스럽게 많은 이야기를 털어놓으면 상대를 불편하게 할 수도 있다. 조절된 수준의 적당한 마음 털어놓기가 필요한 유형이다.

ENFP(재기발랄한 활동가)

선호 방법: 평소 따뜻하고 활기찬 대화로 자기감정을 표현하

는 데 능한 편이다. 그러므로 힘든 마음, 고민을 누군가에게 털어놓는 데 별 어려움이 없다. 고민을 털어놓음으로써 창의적 해결책을 얻고자 하는 욕구가 강할 수 있다.

주의할 점: 마음을 지나치게 활달하게 쏟아낼 수 있다. 자신은 그 자체에 만족할 수 있지만 상대방은 이로써 피로감을 느낄 수 있다. 한꺼번에 너무 많은 고민을 털어놓지 않도록 주의하자.

ENTP(뜨거운 논쟁의 변론가)

선호 방법: 평소 논리적 토론을 하기를 좋아한다. 그러므로 자기 문제를 상대방과 나눔으로써 함께 문제를 해결하고, 새로운 아이디어와 관점을 얻는 것을 중요하게 생각할 수 있다.

주의할 점: 마음을 털어놓는 시간은 논리를 따지고 토론하는 시간이 아니라 감정을 나누고 공감을 받아 스스로 해결책을 찾아가는 시간이 되어야 한다. 맞고 틀리고는 중요하지 않다. 이 시간이 지나치게 논쟁적으로 변질되지 않도록 주의하자. 지나치게 논쟁을 벌여 상대방을 당황시키지 않도록 주의하자. 서로를 존중하는 대화에서 벗어나지 않도록 주의하자.

ESTJ(엄격한 관리자)

선호 방법: 속마음을 얘기할 때 현실적·논리적 해결책을 원하며 구체적인 계획과 체계적인 대화를 원할 가능성이 크다.

주의할 점: 마음을 털어놓을 때 너무 논리와 사실에 치우치면 감정 부분을 간과할 수 있다. 자기 문제와 함께 어떤 감정이 묻어 있는지도 살펴보자. 모든 마음과 문제에는 어떤 감정이 함께 있기 마련이다. 그 마음과 문제에 묻어 있는 우울, 슬픔, 억울함, 분노, 황당함, 무기력감을 함께 살펴보고 나누어 보자.

ESFJ(사교적 외교관)

선호 방법: 마음을 드러낼 때 따뜻하고 친절한 방식을 선호하는 편이다. 부드러운 대화와 감정적 표현으로 마음을 드러내고 싶어 하는 욕구가 강하다. 상대방의 공감으로 자신이 이해받는다는 느낌을 받고 싶어 하는 욕구가 크다. 문제 해결에 도움이 되는 조언을 받고 싶어 하는 마음도 있다.

주의할 점: 마음을 털어놓을 때 상대방의 반응이나 의견에 너무 치우치다 보면 결정력과 판단력이 약해질 수 있다. 상대방 의견은 참고하되 결정의 주체는 자신이 되어야 함을 잊지 말자.

ENFJ(정의로운 사회 운동가)

선호 방법: 감정을 나누고 나누는 행동으로 상대에게서 공감을 받는 것을 중요하게 생각한다. 속마음을 보여주었을 때 상대가 친절한 조언과 응원을 해주기를 원하는 마음이 크다.

주의할 점: 다른 사람의 친절한 반응과 응원을 지나치게 기대

하다 보면 그렇지 못한 반응을 경험할 때 실망이 클 수도 있다. 모든 사람이 기대대로 반응해주는 것은 아니다. 마음을 털어놓을 때 상대방 반응도 중요하지만 마음을 털어놓음으로써 자연스레 얻게 되는 감정적 해소, 문제 해결의 실마리가 되는 자발적 통찰에도 의미를 두면 좋겠다.

ENTJ(대담한 통솔자)

선호 방법: 속마음을 보여줄 때 명확하고 구체적인 방법을 선호하며, 문제를 해결할 때 논리적 접근을 중요시한다.

주의할 점: 이런 사람은 감정을 표현하는 데 어려움을 느낄 수 있다. 사실적 내용, 명확한 문제를 표현하는 것도 좋지만 감정과 느낌을 있는 그대로 표현하는 것부터 시작해보면 좋겠다. 우리 문제는 문제 자체보다 그 문제에 얽힌 감정 때문에 힘들고 괴로운 경우가 많기 때문이다.

마음을 털어놓을 때
말이 편한 사람 vs 글이 편한 사람

감정이나 의견, 속마음을 표현할 때 말이 편한 사람이 있고, 글이 편한 사람이 있다.

말이 편한 사람Oral Communicator은 말 그대로 말로 자기 생각과 감정을 표현하는 것을 편하게 여기는 경향이 있다. 대화할 때의 억양, 톤tone, 높낮이, 행동, 표정 등 비非언어적 신호로 상호작용을 직접 하고 싶은 욕구가 강한 편이다. 이러한 대화로 정보를 빠르게 교환하고 상대 반응을 잘 이해하며 실시간으로 진행되는 대화를 선호한다.

감정 조절 이론Emotional regulation theory을 따르면 말로 감정을 표현하는 것은 감정 상태를 조절하는 데 도움이 될 수 있다. 감정을 말로 표현함으로써 자기감정을 더 잘 이해하고 처리할 수 있다는 뜻이다. 이는 불안감, 초조함, 답답함 등부정적 감정을 줄이고 심리적 해방감, 편안함, 안정감 등 긍정적 감정을 늘리는 데 도움을 줄 수 있다.

마음을 말로 표현하는 경우는 상대와 직접 만나서 얘기할 때, 전화로 얘기할 때, 비대면 영상으로 얘기할 때다. 말로 하기를 선호하는 사람은 마음을 털어놓을 때 반드시 상대가 있어야 한다는 단점이 있다. 또한 모든 사람이 말로 대화하기를 선호하는 것은 아닐 수 있기에 누군가는 이러한 요청을 받으면 불편을 느낄 수도 있다. 그러므로 상대방 성향이나 상황을 고려한 마음 털어놓기를 하면 좋겠다.

반면 글이 편한 사람Written Communicator이 있다. 이런 사람은 글로 자기 생각과 감정을 표현하는 것을 선호한다. 텍스트를 사용하여 의사소통하는 것이 더 효과적이라 여긴다. 글로 마음을 재구성하고 생각을 정돈해 더 정확하고 명확하게 전달할 수 있다고 본다. 하지만 글을 통한 방법을 선호하는 사람도 항상 글을 활용하기에는 제한이 있을 수 있다. 예를 들어 시간이 촉박해 글로 옮겨 마음을 표현하기 어려운 경우, 상대방이 카톡이나 문자를 잘 보지 않는 경우, 마음을 털어놓으려고 생각해두었던 온라인 게시판이 운영이 중단된 경우다.

그러므로 마음을 말로 털어놓는 방법, 글로 털어놓는 방법 중 절대적으로 좋은 방법은 없으며 자기 스타일과 상황에 따라 활용하거나 두 방법을 혼용하면 좋겠다.

나를 치유하는 마음 털어놓기

나 역시 특별히 정해진 방법은 없다. 어떤 상황에서는 말로 털어놓기도 하고, 어떤 상황에서는 글로 풀어내기도 한다. 상황에 따라 또는 느껴지는 감정에 따라 마음을 표현하는 방법이 달라진다. 예를 들어 어떤 상황에서 분노, 억울함이 급격히 솟구쳐 오를 때는 글로 옮겨 적을 마음의 여유조차 없다. 그럴 땐 바로 옆에 있는 친구나 동료에게 식사시간, 티타임, 전화 등으로 말로 풀어낸다. 그렇지 못하면 온종일 괜히 찜찜해하거나 엄한 사람에게 짜증을 내기도 한다.

급격히 느껴지는 분노, 화, 억울함, 짜증스러움은 조금이라도 털어놓으면 그 과정에서 공감을 받을 수 있고, 아닐 수도 있다. 하지만 그것은 부수적인 문제다. 일단 털어놓았다는 것이 중요하다. 털어놓음으로써 부정적 감정을 조금이라도 덜어낼 수 있기 때문이다. 그렇게 원래 하던 일에 다시 집중할 수 있다.

책 뒷부분에서 다시 언급하겠지만 이때 주의 사항은 털어놓는 사람이 반드시 믿을 만한 사람이어야 한다는 점이다. 예상치 못한 부작용이 발생할 수도 있기 때문이다. 어쨌든 그렇게 빠르게 지나갈 수 있는 감정이라도 잠시 말로 털어놓는 것은 그런 감정에 매몰되지 않고 빠르게 벗어나는 데 도움이 될 수 있다.

반면 급격하지 않게 일정 기간 서서히 느껴지고 쌓이는 감정도 있다. 우울감, 불안감, 무기력감, 허무함 등이 그것이다. 그런 시기에 있을 때 나는 주로 글을 쓴다. 그런 감정을 누군가에게 말로 털어놓는 것도 좋지만 대화만으로는 떨쳐내기가 쉽지 않은 감정이기 때문이다. 일정 시간 꾸준히 쌓이고 쌓여 내면에 자리 잡은 감정이기 때문이다. 그런 감정을 두서없이 몇 문장으로 적다 보면 그 감정이 어디에서 왔는지, 내가 왜 그런 감정을 느끼는지, 어떻게 다른 감정으로 바꾸어볼 수 있을지 관찰이 가능하다.

이렇게 감정과 마음에 대해 몇 글자를 적는 것만으로 마음이 진정되는 효과가 있다. 카톡에서 나와 대화하기, 노트북의 한글 문서·메모장, 직접 글씨를 쓰는 다이어리, 개인 SNS 계정, 온라인 익명 게시판 등 어디든 상관없다. 자신이 쉽게 접근할 수 있고 부담 없이 이용할 수 있는 글쓰기 방법이면 된다. 많이 적을 필요도 없다. 느껴지는 순간의 감정을 그대로, 생각나는 대로, 있는 그대로 적으면 된다. 문장 구조, 맞춤법, 길이 그 무엇도 신경 쓸 필요가 없다.

"나는 별말을 하지도 않았는데 OO이는 짜증부터 내네. 그러면서 되레 나보고 짜증을 부린다고 하고. 진짜 이해할 수 없는 인간이다. 아, 진짜 짜증 난다. 어떻게 하면 좋을까?"
"아이가 이렇게 불편감을 느껴왔는데 나는 그것도 몰랐네. 나는 엄마로서 자격이 없다. 죄책감이 든다. 최근에 회사에서도 실수가 많았는데. 이런 나 자신이 싫다."

"요즘 남자친구가 나에게 관심이 없어진 걸까? 혹시 환승이별을 준비하나? 헤어지자고 하면 어떡하지? 불안하다. 내가 이런 상황에서 왜 이런 느낌이 드는지 나도 모르겠다."

"3월 24일 맑음. 영남 관찰사 김수의 편지에 대마도주가 문서를 보내 <이미 배 한 척을 내어 보냈는데 만일 귀국에 도착하지 않았다면 반드시 바람에 부서진 것이리라>라고 하였다니 그 말이 극히 음흉하고 사악하다. 동래에서 서로 보이는 바다라 그럴 리가 만무한데 말을 이렇게 꾸며내니 그 간사함을 헤아리기 어렵다."

특히 마지막 문장은 충무공 이순신 장군의 《난중일기》에서 발췌한 글이다. 그도 자신이 겪는 감정을 속으로만 담아두지 않고 짤막한 일기 형식으로 그 순간 괘씸하게 느껴진 마음을 표현했다. 나라를 구한 영웅도 이런 방식으로 감정과 마음을 털어놓았다.

이렇게 감정이 느껴지는 대로, 생각이 떠오르는 대로 몇 글자 적어보는 것만으로도 마음을 털어놓는 효과가 있다. 글에는 해방감을 느끼게 해주는 힘이 있다. 감정을 적은 문장을 나중에 읽어보면 그 자체로 위안이 되기도 한다. 막연

하게 느껴졌던 마음과 생각을 글로 옮겨 보면 그 정체를 좀
더 확실하게 알 때도 많다. 글의 힘은 그런 것이다. 글을 써
서 마음을 털어놓는 효과는 '혼자 쓰는 글에도 마음을 털어
놓는 효과가 있다'에서 좀 더 상세히 다루겠다.

마음을 털어놓을 만한 사람의 조건

지금껏 알아보았듯이 누군가에게 마음을 털어놓는 것은 꽤 괜찮은 방법이다. 우리가 생각하지 않았던, 기대하지 않았던 많은 긍정적 효과를 얻을 수 있다. 하지만 이때 유의해야 할 사항이 있다. 아무에게나 털어놓으면 안 된다는 사실이다. 여러분이 아무 의심 없이 털어놓는 마음이 타인에게는 생각지 않은 감정을 불러일으킬 수 있다.

예를 들어 당신의 고민을 듣고 누군가는 '배부른 소리 하고 있네' 할 수 있다. 또는 '저런 상황에 있는 사람이었네. 다음부터는 중요한 일을 맡길 때 빼야겠다'고 할 수도 있다. '이 정도 일을 가지고 힘들어하는 사람이었군' 하며 당신의 멘털을 낮게 평가할 수도 있다.

이렇듯 모든 사람의 마음은 당신이 원하는 대로 반응하지 않을 수 있다. 마음을 털어놓더라도 아무나가 아닌 '조건을 갖춘 사람'에게 털어놓으면 좋은 이유다. 마음을 털어놓을 만한 사람의 조건을 소개한다. 하지만 반드시 이런 사람에게만 털어놓아야 한다는 뜻은 아니며 '이왕이면' 이런 조건을 갖춘 사람에게 털어놓으면 좋겠다는 뜻이다. 그런 사람이 주위에 많지 않을 수도 있으니까.

그중 가장 중요한 조건은 '믿을 만한 사람'이어야 한다는 것이다. 누군가는 '이 사람이 이런 일이 있었어? 흥미롭다' 하며 다른 사람에게 이 얘기를 아무렇지도 않게 퍼나를 수 있기 때문이다.

20대 초반 대학생 J씨는 최근 곤란한 일을 겪었다. 속앓이 하던 고민이 있는데 혼자 감당하기 어려워 같은 과 친구에게 털어놓았다. 그 친구는 그 말을 듣는 자리에서는 위로도 해주고 공감도 해주었다. 앞으로 또 그런 일이 있으면 언제든 말하라고 당부까지 하였다. J씨는 진심으로 고마워했다. 역시 마음을 털어놓기 잘했다고 생각했다. 그런데 난감한 일이 생겼다. 친구에게 털어놓았던 자기 얘기가 같은 학과 동기들 사이에서 떠돌았던 것이다. 나중에 알고 보니 그 친구가 이야기를 퍼뜨린 것이었다. 당장 그 친구에게 가서 따지고 싶었지만 아니라고 잡아뗄까 봐 말도 못 꺼냈다. 그 후 J씨는 속마음을 털어놓은 것을 후회했다.

마음을 누군가에게 털어놓은 것 자체는 잘한 행동이다.

　　　　　　　　　　　나를 치유하는 마음 털어놓기

그렇게 털어놓음으로써 해방감, 속 시원함을 느꼈다. 답답한 마음이 풀리는 경험을 했다. 문제는 털어놓은 대상이었다. 아는 사람이라고 해서, 친구라고 해서 무조건 털어놓으면 안 되었다. 믿을 만한 사람에게 털어놓아야 했다. 그렇지 않으면 어렵게 털어놓은 이야기가 내 의지와 상관없이 타인에게 가십거리가 될 수 있다.

나는 누군가에게서 마음속 이야기나 고민을 들으면 절대로 다른 사람에게 '발설'하지 않는다. 이는 나만의 대화 원칙으로 생각보다 중요한 일이다. 내게는 친한 친구 A와 B 둘이 있어 나까지 셋이서 절친이다. 기쁜 일이 있으면 가장 먼저 나누고, 힘든 일이 있어도 가장 먼저 알려주는 사이다.

어느 날 밤 12시가 가까워올 무렵 A가 카톡으로 내게 말을 걸어왔다. 최근에 힘든 일을 겪어 좌절감을 느끼는 듯했다. 그렇게 카톡으로 몇십 분 얘기를 나누었다. A가 그날 밤 내게 했던 얘기를 나는 B에게 말하지 않았다. A가 내게 말했지 B에게 말한 건 아니었기 때문이다. 내가 먼저 A 얘기를 B에게 꺼낸다면 A의 기분은 어떨까? B가 아무리 친한 사이라도 불쾌해할 수 있다.

며칠 후 단톡방에서 A는 내게 했던 얘기를 B에게도 자연스럽게 꺼냈다. 나는 처음 듣는다는 듯이 가만히 있었다. B는 자기 처지에서 A의 이야기를 들어주고 위로와 공감을 전했다. A는 그렇게 마음을 털어놓고 내일 또 출근할 힘을 얻었다.

이렇듯 마음은 비밀유지가 가능한 사람에게 털어놓아야 한다. 털어놓은 속마음을 다른 이에게 옮기지 않을 만한, 믿을 만한 사람에게 해야 한다. 제럴드 아르. 포드급 항공모함 Gerald R. Ford-class aircraft carrier은 무게만 십만 톤 이상 나가는 미국의 거대 항공모함이다. 이 정도 수준으로 입이 무거운 사람에게만 마음을 털어놓자. 그렇지 않으면 배신감과 후회에 휩싸일 수 있다. 악감정으로 절교를 선언할 수도 있다. 입이 무거운 사람, 자신만 알고 있을 사람, 주로 혼자 지내는 사람(?)에게 하는 것이 맞다. 마음을 털어놓기로 결심했거나 털어놓았다면 상대에게 이런 당부도 잊지 말아야 한다.

"지금부터 내가 하는 이야기는 누군가에게 처음 하는 말이야. 너만 알고 있으면 좋겠어."

"지금까지 제가 드린 말씀은 ㅇㅇ님만 알고 계시면 좋겠습니다. ㅇㅇ님을 믿고 말씀드렸습니다. 아무에게도 하지 않았던 이야기입니다."

상대로서는 더욱 책임감을 느끼고 간직할 가능성이 크다. 또한 자신만 듣는 이야기라는 생각에 털어놓는 사람에게 좀

나를 치유하는 마음 털어놓기

더 은밀한 친밀감(?)을 느낄 수도 있다.

이 밖에도 털어놓을 만한 사람의 조건으로 타인을 잘 이해해주는 사람, 비판적이지 않은 사람, 편안하게 속마음을 꺼내도록 분위기를 만들어주는 사람, 표현의 부담을 덜 느끼게해주는 사람, 상대 이야기에 관심이 많은 사람을 꼽을 수 있다. 반드시 그렇지는 않아도 이왕이면 그랬으면 좋겠다는 의미다.

"엥? 그게 그렇게 고민할 일이에요? 저는 그보다 더 한 일도 겪었는데요?"

"그건 힘들어할 만한 일이 아니야. 왜 그렇게 힘들어해?"

"너는 왜 그런 얘기를 하고 그래. 분위기 싸해지게. 그냥 술이나 먹자."

이런 반응을 보이는 사람이 있다면 마음 털어놓기의 예후豫後가 안 좋다. '아, 이 사람은 아니구나' 생각하며 그 사람에게는 털어놓을 마음을 거두자. 마음을 털어놓아봤자 기분만 더 안 좋아질 수 있다. 이런 반응을 보이는 사람과 더는 친밀한 심리적 거리는 기대하지 말자. 적당한 거리가 정답인 사람이다.

혼자 쓰는 글에도
마음을 털어놓는 효과가 있다

머리가 혼란스러울 때, 마음이 불편할 때, 생각의 정리가 필요할 때, 걱정이 있을 때 간단한 메모를 하거나 짧게 글을 끄적이면 상황이 한결 나아진다. 머릿속에서 요동치던 생각과 불편한 마음이 조금은 잠잠해지는 느낌이다. 내 안의 생각에 조금이라도 신경을 덜 써도 될 것 같은 느낌이 된다. 머리를 아프게 하던 생각에서 잠시 자유로워지는 느낌이다. 이렇게 몇 글자를 적는 것만으로도 안에 있는 불편하고 불안한 생각과 마음을 꺼내놓는 효과가 있다. 조금만 끄적여도 개운한 느낌이 든다. 이러한 긍정적 느낌은 연구 결과로도 증명되었다.

심리학 박사 카렌 바이키Karen Baikie와 동료들은 감정을 표현하는 글쓰기가 정신건강과 신체건강에 어떤 영향을 미치는지에 관한 연구를 수행했다. 연구는 실험그룹과 대조그룹

나를 치유하는 마음 털어놓기

으로 나누어 진행되었다. 실험그룹에는 일주일 동안 매일 일정 시간 글을 쓰도록 했다. 감정, 생각, 경험 등을 자유롭게 기록하도록 했다. 대조그룹에는 글쓰기 과제가 주어지지 않았고 평상시 활동을 유지하도록 했다.

관찰 결과 자신의 감정이나 생각을 글로 썼던 실험그룹은 대조그룹에 비해 더 큰 폭으로 스트레스 수준이 감소했고 행복감, 만족감, 연결감 등의 감정을 더 많이 느낀 것으로 나타났다. 또한 스트레스 수준이 감소하며 신체적 면역 기능도 강화된 것으로 나타났다. 이는 마음을 드러내는 글쓰기가 정서적 건강뿐만 아니라 신체적 건강에도 도움이 될 수 있다는 점을 시사한다.

비슷한 연구 결과는 또 있다. 미국 마이애미대학교 심리학과 제임스 스미스James Smyth 교수와 동료 연구자는 <트라우마 경험에 대한 글쓰기의 효과>라는 제목으로 연구 논문을 발표했다. 하루 15분씩 4일 연속으로 자신의 감정과 경험에 대해 글을 쓴 사람은 기분과 심리적 안정감에서 유의미한 개선을 보였다는 것이다.

이처럼 마음을 드러내는 글쓰기에는 분명한 힘이 있다. 화가 나거나, 억울하거나, 무언가를 털어놓고 싶을 때 글을 씀으로써 마음과 신체의 안정을 얻을 수 있다. 요즘 우울하거나 불안하다면, 또는 마음에 있는 이야기를 털어놓고 싶은

데 그럴 만한 사람이 주위에 없다면, 무엇을 해야 할지 모르겠다면 일단 글을 써보자. 오랜 기간 많은 글을 쓸 필요도 없다. 단 며칠, 단 몇 분이라도 좋다. 하루에 5분에서 10분만이라도 시간을 내어 2~3일 동안 글을 써보자. 마음을 들여다보고 다잡을 수 있는 좋은 시도가 된다.

쓰는 방법도 간단하다. 휴대전화의 메모장을 사용해도 좋고 PC의 메모장·한글문서를 활용해도 좋다. SNS에 올려도 좋고 감촉 좋은 필기구로 손글씨를 써도 좋다. 결심했다면 도움이 될 만한 마음 털어놓는 글쓰기 방법 몇 가지를 소개한다.

첫째, 매일 조금이라도 글을 끄적일 특정 시간을 정한다. 잠자리에서 빠져나온 이른 아침 시간, 지하철로 출근하는 시간, 점심식사 후 휴식시간, 밤에 잠들기 전 책상에 앉아 있는 시간 등 나름대로 정해진 시간에 쓰는 것이 좋다. 시간을 정하는 이유는 그렇게 해야 지속할 가능성이 커지기 때문이다. 하나의 작은 루틴routine을 만드는 것이다. 나는 아무에게도 방해받지 않는 이른 아침에 글을 쓴다. 이 시간에는 전화, 카톡, 문자로 침범받을 가능성이 거의 없어서 시간을 오롯이 자유롭게 활용할 수 있다. 여러분도 상황에 따라 최적화된 글쓰기 시간을 찾았으면 한다.

둘째, 작게 시작한다. 처음부터 그럴듯하게 시작해야 한다는 부담감을 버려야 한다. 마음을 표현하는 글쓰기는 잘 써야 할 필요가 없다. 앞서 언급했지만, 마음과 감정을 글로 끄적이는 것 자체가 중요하지 얼마나 많은 글을, 얼마나 잘 쓰는지는 전혀 중요하지 않다. 누구에게 보여줄 것도 아니다. 철자, 문법, 문장 구조도 전혀 신경 쓰지 말자. 무엇을 어떻게 썼느냐가 아니라 글을 써서 어떤 마음을 표현했으며, 그러한 행동으로 마음이 어떻게 풀리고 어떤 위안을 얻었는지가 중요하다.

생각과 감정을 정리하려고 글을 쓴 좋은 사례로 미국 작가이자 언론인인 조앤 디디온Joan Didion을 꼽을 수 있다. 그녀는 남편과 딸의 죽음에서 오는 슬픔과 상실감을 글로 풀어냈다. 그 과정에서 나쁜 감정으로부터 조금씩 자유로워질 수 있었다. 그녀는 자신의 책《마법적 사고의 해The Year of Magical Thinking》에서 "내가 전적으로 생각하는 것, 보는 것, 원하는 것, 두려워하는 것을 알려고 글을 쓴다"라고 말했다.

그 말처럼 우리는 마음에 관한 글을 끄적이며 마음을 더 잘 알 수 있고 그만큼 그 감정을 잘 다룰 수 있으며 우리가 원하는 방향으로 감정과 마음을 이끌고 나갈 수 있다. 마음을 표현하는 혼자 글쓰기의 가장 큰 장점은 뭐니 뭐니 해도 자기 마음에 대한 집중력을 최고로 끌어올릴 수 있다는 것이다. 홀로 조용히 앉아 마음을 글로 표현할 때는 이 세상과 나 둘만 존재하는 것 같다. 그야말로 무념무상無念無想의 경지다.

또 한 가지 장점은 상대의 반응에 신경을 쓸 필요가 없다는 것이다. 그저 떠오르는 마음, 생각, 느낌을 적으면 된다. 자신이 적는 글에서 그 누구의 눈치도 보지 않고 솔직하게 표현할 수 있다. 기분이 좋으면 좋은 대로, 화가 나면 나는 대로, 억울하면 억울한 대로, 짜증 나면 짜증 나는 대로, 욕이 나오면 나오는 대로 적으면 된다. 그렇게 순간의 감정을 적고 나면 마음이 좀 풀린다.

나를 치유하는 마음 털어놓기

마음 털어놓기를 시작할 때
도움이 되는 말

　마음을 털어놓기로 결심했다면, 그 시작을 어떻게 해야할지 막막할 수 있다. 특히 누군가에게 직접 꺼내놓기로 마음먹은 경우, 그 시작이 더 힘들 수 있다. 상대에게 이런 얘기를 해도 될지, 상대가 내 이야기에 관심이 있을지, 상대가 어떤 반응을 보일지 두렵고 막막할 수 있기 때문이다. 그래서마음을 터놓는 것도 누군가에겐 용기가 필요한 일이다. 하지만 너무 두려워하지 말자. 무엇이든 처음이 힘든 법이다.일단 용기를 내면 나머지는 저절로 된다. 자신도 모르게 많은 이야기를 쏟아낼 수 있다. '밑져야 본전'이라는 말도 있지않은가? 어차피 잃을 것은 없다는 생각으로 고민과 속마음을 꺼내 보자.

　마음을 털어놓을 때 도움이 될 만한 시작하는 말들을 소개한다. 아이스 브레이킹Ice breaking과 같은 말들이다. 이러한 표현과 말들을 잘 익힌다면 마음을 꺼낼 때 필요한 용기를 내는 데 도움이 될 것이다.

먼저 처음 시작할 때는 상대의 안부부터 물어본다. 대뜸 내 상태를 말하는 것보다 상대의 상태, 근황, 안부를 먼저 물어보는 것이 자연스럽다. 상대의 안부를 물어보면서 뒤이어 내 안부를 꺼낼 수 있는 분위기를 자연스레 만들 수 있다. 일단 시작할 수 있다면 나머지는 상대의 반응과 내 용기가 융합되며 알아서 진행된다.

상대방의 안부부터 물어보는 말에는 다음과 같은 것들이 있다.

"요즘 어떠세요?"

"잘 지내시나요?"

"별일 없어?"

"요즘 고민 없어?"

"하는 일은 잘되고?"

이런 말을 건넨다면 상대방은 대부분 "응, 별일 없어", "뭐 그냥 그럭저럭" 같은 반응을 보일 것이다. 여기까지가 분위기를 만드는 과정이다. 그럼 "아, 그렇구나. 다행이다" 하며 자연스레 내 이야기를 꺼낼 수 있다. 이제는 여러분의 스타

나를 치유하는 마음 털어놓기

일, 상대의 유형, 상황의 특성 등에 따라 가장 적합하다고 생각하는 표현으로 마음 털어놓기 대화를 본격적으로 해보자.

먼저 상대에게 동의를 구하며 시작하는 방법이다. 상대에게 선택권을 주며 다가가므로 상대방이 느끼는 부담감을 최소화할 수 있다.

"하고 싶은 얘기가 있는데, 해도 괜찮을까?"
"제 얘기 좀 들어줄 수 있을까요? 좀 답답한 일이 있어서요."
"네 생각을 듣고 싶은 게 있는데, 시간 될 때 얘기해도 될까?"

이런 표현들은 상대방에게 내 이야기를 들어줄 마음의 준비를 하게 한다. 그만큼 내 마음에 더 주의하여 귀 기울일 수 있으며 진솔하고 따뜻한 시간이 될 수 있다.

두 번째는 털어놓고 싶은 욕구를 강조하며 시작하는 방법이다. 즉 '~하고 싶은'이라는 표현을 사용하는 것이다. 솔직한 욕구를 표현하며 시작하므로 상대가 더 진지하게 이야기를 들어줄 가능성이 크다. '~하고 싶다'는 표현을 사용하는 만큼 상대에게 더 진심으로 들릴 수 있다.

"실은 요즘 좀 힘든 일이 있는데 너한테 털어놓고 싶었어."
"요즘 좀 힘든 일이 있는데 네가 좀 들어주면 좋겠어."

"혼자서 감당하기 힘든 고민이 있는데 얘기를 해보고 싶어."

이런 솔직한 표현을 들은 상대방은 그만큼 돕고 싶어 할 것이다.

세 번째는 상대가 스스로 중요한 사람임을 느끼게 하며 시작하는 방법이다. 이런 말을 들으면 상대는 자신이 중요한 사람이 된 것 같은 느낌을 받을 수 있다. 그런 만큼 더욱 책임감 있게 내 말을 들어준다. "너에게 조언을 구하고 싶다"라는 요청 자체가 상대방에게는 "당신의 지식과 의견을 존중하며 그만큼 당신을 중요한 존재로 여기고 있습니다"라는 메시지를 전달하는 효과가 있기 때문이다. 한 연구를 따르면 "너에게 조언을 구하고 싶다"라는 말을 들은 사람은 자신이 중요한 사람이 된 것처럼 느끼는 경향이 있는 것으로 나타났다. 예를 들면 이런 표현이 있다.

"내가 고민하는 게 있는데, 네 생각을 듣고 싶어."
"네 조언이 필요한 고민이 있어."
"너랑 얘기하면 좀 더 나아질 것 같아서 그러는데 얘기 좀 해도 될까?"

이런 말을 들은 상대방은 자신이 누군가에게 도움이 될

나를 치유하는 마음 털어놓기

수 있다는 생각에 자기 유능감을 느끼며 더 적극적으로 이야기를 귀담아들을 것이다.

마지막으로 상대가 부담을 느끼지 않을 수 있게 시작하는 방법이다.

"요즘 힘든 일이 있어서 그러는데 네게 말해도 될까? 너는 그냥 들어주기만 하면 돼."

"혼자서 꿍하고 있는 것보다 그냥 얘기라도 하면 좋을 것 같아서 그러는데 시간 괜찮아?"

이런 표현은 상대가 '내가 어떤 해결책을 제시할 필요 없이 그냥 들어주기만 해도 되겠구나'라고 생각하며 부담을 덜 가질 수 있다.

이렇게 마음을 털어놓을 때 시작할 수 있는 다양한 표현을 알아봤다. 물론 정답은 없다. 각자 스타일과 상황에 따라 활용하면 된다. 중요한 것은 진심이다. 진심은 언제나 통하게 되어 있다. 당신이 마음을 털어놓고 싶고, 그것을 상대가 들어줬으면 하는 진심이 있으면 된다.

물론 이러한 방법들을 활용하여 접근했는데 정작 상대방이 대화를 피할 수도 있고 부담스러워할 수도 있다. 이럴 때는 어떻게 하면 좋을까? 그 사람에게 털어놓는 것은 단념하자. 다른 사람에게 털어놓거나 다른 방법을 찾자. 그런 상황에서 억지로 마음을 털어놓아봤자 상대의 반응에 실망해서 '내가 왜 마음을 털어놨지' 하며 자책할 수도 있다. 또 다른 누군가에게 다가갈 용기마저 잃을 수도 있다. 하지만 걱정하지 말자. 마음을 털어놓는 방법은 무궁무진하다. 마음 털어놓기는 절대 멈추어서는 안 된다.

나를 치유하는 마음 털어놓기

마음을 보여줄 땐
과감하고 대범하게, 눈치 보지 말고

마음을 털어놓을 때 이런 고민을 하는 사람들이 있다.

'속마음을 얘기했을 때 나를 이상하게 보면 어떡하지?'
'이런 상황을 이 사람이 이해할 수 있을까?'
'마음을 있는 그대로 털어놓으면 나를 안 좋게 보지 않을까?'

마음을 털어놓는 순간, 상대방이 자신을 어떻게 바라볼지 신경 쓰일 수 있다. 힘든 마음을 달래려고 털어놓는 순간에도 자기 이미지가 걱정될 수 있다. 이러면 제대로 털어놓을 수 없다. 힘겨움을 털어놓는 것이 또 하나의 힘겨움이 돼서는 안 된다. 마음을 털어놓기로 했다면 상대방을 너무 의식하지 말자.

상대가 부담을 느끼거나 불편해한다면 거기서 그만두고

다른 사람이나 다른 방법을 찾으면 된다. 마음을 털어놓는 그 시간은 오로지 나 자신을 위한 시간이다. 그 순간만큼은 상대도 나를 위해 존재한다. 솔직하고 편하게 털어놓았는데 상대가 이상하게 바라본다면 그것은 상대의 문제이지 내 문제가 아니다.

군복무 중인 L병장이 있었다. 그는 20대 초반이 될 때까지 한 번도 그 누구에게도 말하지 못한 속마음이 있었다. 그것은 바로 가끔 다른 남성과 성행위하는 장면을 상상한다는 것이었다. 중학교 때부터 그랬다. 그가 특별히 남성을 좋아하는 성향이 있는 것도 아니었다. 그래서 더욱 그런 생각이 들 때마다 괴로웠지만 이유를 자신도 알 수 없었다.

그는 자신이 실제로 남성을 좋아하는 건 아닌지, 자신의 성 정체성에 문제가 있는 건 아닌지 불안했지만 오랜 시간 아무에게도 털어놓지 못했다. 자신을 이상하게 볼 것 같았기 때문이다. 그렇게 그는 중학교 이후 약 10년 동안 홀로 고통스러워했다. 그러다 군생활 중 나와 상담하면서 처음 털어놓은 것이다. 나는 그의 얘기가 놀랍지 않았고 그가 그렇게 이상해 보이지도 않았다. 그에게 이렇게 얘기했다.

"아, 그런 생각이 들 때가 있었군요. 근데 누구에게나 남들에게 쉽게 말하지 못하는 자신만의 별나고 괴이한 생각이 하나씩

나를 치유하는 마음 털어놓기

은 있지 않나요?"

그는 이런 내 반응을 보고 처음에는 의아해했지만 이내 안심했다. 내 반응을 보고 자신이 더는 이상하게 느껴지지 않았기 때문이다. 만약 그가 그날 용기를 내서 그런 얘기를 털어놓지 않았다면 그는 훨씬 더 오랜 시간 자신만의 고통에 갇혀서 살았을지 모른다. 그는 내게 고맙다고 했다. 나도 그에게 그런 생각을 털어놓아 주어 고맙다고 했다.

사실 누구나 입 밖으로 꺼내기 어려운 해괴망측한 생각을 종종 한다. 사람을 칼로 찔러 죽이는 장면을 상상하기도 하고, 누군가를 높은 빌딩에서 밀어 떨어뜨리는 순간을 떠올려 보기도 한다. 전혀 이루어질 수 없는 사람과 성관계를 하는 장면을 생각한다든지, 개나 고양이로 태어나 음식물 쓰레기를 뒤지는 운명(?)을 생각해보기도 한다.

나 역시 이성을 볼 때 주의 깊게 바라보는 신체 부위가 있다. 털어놓기 꺼려지는 혼자만의 해괴망측한 상상을 할 때가 있다. 가끔 그런 취향과 상상을 용기를 내서 지인들에게 털어놓곤 한다. 그럼 지인들은 대체로 "야, 넌 취향이 참 독특하다. 재밌다"라는 반응이다. 그걸로 그만이다. 이런 반응에 나 역시 마음이 홀가분해진다. 혼자만 간직하지 않고 털어놓길 잘했다는 생각이 든다. 이처럼 '별것인 것처럼 느껴지는 것들'도 털어놓으면 '별것 아닌 것들'이 된다.

　그러므로 마음을 털어놓을 때는 자신을 바라보는 상대의 시선을 너무 걱정하거나 신경 쓰지 말자. 솔직하고 당당하게 보여줘도 상대는 당신을 이상하게 생각하지 않는다. 당신을 이상하게 생각하는 사람이 있다면 그건 그 사람의 문제다. 당신이 신경 쓸 부분이 아니다. 자신 있게 마음을 터놓을수록 상대방은 '아, 그럴 수도 있겠네' 하며 더 수용적인 반응을 보일 수 있다. 그러므로 마음을 털어놓을 때는 최대한 솔직히, 적나라하게, 과감하게 털어놓자.

　욕을 하고 싶으면 욕을 해도 좋고, 눈물이 나면 울어도 좋다. 소리를 지르고 싶으면 소리 쳐도 좋고, 어떤 말을 해야 할지 모르겠으면 잠시 침묵해도 좋다. 마음을 털어놓는 순간은 오로지 당신을 위한 순간이다. 상대의 반응이나 생각에 너무 신경 쓰지 말자.

　30대 초반인 직장 동료가 있었다. 그녀는 평소에 자기감정을 잘 표현하지 않았다. 말도 별로 없고 생각을 잘 애기하는 편도 아니었다. MBTI로 보면 INFP 같은 성향이었다. 그런데 직장에서 화나는 일이 있거나 억울한 일이 있을 때는 달랐다. 동료들과 술 한잔을 곁들인 저녁 자리에서 그녀는 그런 마음을 숨기지 않았다. 마음과 감정을 육두문자까지 써가며 적나라하게 털어놓았다.

"뭐 그런 씨XX이 다 있어요? 진짜 X 같지 않아요?"

평소에는 점잖은 모습만 보여주던 그녀가 그렇게 욕하며 속마음을 보여줄 때 처음에는 몹시 당황했다. 하지만 그녀는 그렇게 해서 감정을 말끔히 정리하고 별일 없이 직장 생활을 이어나갔다. 다른 동료들도 그녀를 이상하게 보지 않았다. 오히려 그녀의 그런 솔직함과 소탈함에 친근감을 느꼈다.

아! 오해는 하지 말자. 마음을 터놓을 때는 '욕을 해야 한다'가 아니라 '그만큼 솔직하고 과감하게 해야 한다'는 것이다. 올라오는 감정, 떠오르는 생각, 느껴지는 마음을 마주하고, 상대의 눈치를 보지 않고 있는 그대로 발산하면 좋겠다는 것이다. 물론 용기가 필요한 일이지만 충분히 용기를 내볼 만하다. 그만큼 의미 있고 가치 있는 일이다.

속마음 털어놓기 좋은 날

속마음을 털어놓기에 좋은 날이 따로 있을까? 그렇다. 그런 날은 따로 있다. 가장 중요한 조건은 자신이 마음을 털어놓고 싶거나 그 마음을 들어줄 만한 사람이 있다고 느껴지거나 그럴 만한 용기가 날 때다. 그런 때는 주저하지 말고 마음 털어놓기를 실행해 옮겨야 한다.

빗방울이 창밖을 두드리는 잠이 오지 않는 밤, 마음이 불편해서 혼자서는 참기 힘든 날, 믿음이 가고 의지하고 싶은 사람을 만난 날, 평소 친분이 있는 동료와 점심시간에 회사 근처를 우연히 산책하게 된 날, 친한 친구와 카페에 앉아 여유롭게 드립 커피를 즐길 수 있는 날, 누군가와 함께 차로 이동하는 날, 그 모든 날은 마음을 털어놓기에 좋은 날이고 좋은 순간이다.

이런 날이 오거나 이런 순간이 되면 좀 더 용기를 내보자.

나를 치유하는 마음 털어놓기

그리고 평소에 털어놓고 싶었던 마음을 실컷 털어놓자. '왜 진작 털어놓지 못했을까?' 하는 생각이 들 정도로 마음껏 털어놓자. 그러면 큰 만족과 해방감을 느낄 것이다. 잘했다고 느껴질 것이다. 마음을 털어놓기 좋은 구체적인 상황이나 순간을 몇 가지 소개한다.

첫 번째, 누군가와 함께 산책하는 날이다. 조용하고 한적한 분위기는 마음을 진정시키고 대화를 나누기에 좋다. 자연 속에서 감정을 다스리고 고민을 나눌 수 있다. 신선한 공기와 아름다운 경치는 정서적 안정감을 높여준다. 산책은 바쁜 일상생활 속에서 그나마 자연에 쉽게 다가가는 방법이다. 산책하는 동안 스트레스를 줄이고 심리적 안정감을 높여 마음을 꺼낼 용기를 내는 데 도움을 받을 수 있다.

바빠서 자연에 가까이 다가가는 시간을 내기 어렵다면, 점심시간에 평소 마음을 터놓고 얘기하고 싶었던 동료와 함께 산책길을 걸어보는 것은 어떨까? 그 동료와 친분도 쌓고 마음을 털어놓을 기회도 만드는 의미 있는 시간이 될 것이다.

두 번째, 누군가와 함께 카페에 있는 날이다. 카페는 향기 좋은 차를 앞에 놓고 상대와 이야기하며 마음을 나눌 수 있는 곳이다. 좁은 공간에 단둘이 있는 상황이 불편하거나 너무 조용한 상황이 부담스럽게 느껴지는 사람은 카페에서 마음을 털어놓는 것도 괜찮다. 적당한 소음, 적당한 사람들, 적당한 공개성은 마음을 꺼내고 나누는 데 편안한 느낌을 주고 부담을 덜어준다. 적당한 소음이 있는 곳에서 공부가 더 잘되고 집중도 잘되는 것처럼, 적당한 소음과 사람이 있는 카페에서는 더 솔직하고 진지한 대화를 나눌 수 있다.

세 번째, 동네 도서관에 간 날이다. 도서관은 조용하고 고요한 환경으로 마음을 진정할 수 있는 또 하나의 좋은 장소이다. 여기서는 혼자만의 시간을 보내기도 좋다. 책을 보고 휴식을 취하며 마음과 감정을 관찰해보는 시간을 가져보자. 안정되고 차분하게 마음을 꺼내 볼 수 있다. 그런 시간을 보낸 후 밖으로 나와 누군가에게 전화를 걸어 마음을 털어보면 어떨까?

도서관이 퇴근 후 잠시 들르는 곳, 주말에 잠시 찾아가는 곳 중 하나가 되었으면 좋겠다. 도서관이 삶에서 차지하는 비중이 커질수록 그만큼 우리 삶은 좀 더 여유롭고 아늑해진다. 도서관은 책만 읽을 수 있는 곳이 아니라 마음도 읽을 수 있는 곳이다.

네 번째, 여행하는 날이다. 처음 가보는 곳, 오랜만에 가보는 곳, 낯선 경험을 할 때다. 그런 순간은 일상에서 벗어나 마음을 가라앉히며 고민을 털어놓을 새로운 기회가 된다. 혼자 떠난 곳에서 누군가에게 연락해 좀 더 자유롭게 마음을 털어놓을 수도 있고, 누군가와 같이 떠난 여행에서 함께

하는 사람에게 마음을 털어놓을 수도 있다.

미국 카네기멜론대학교 심리학과 쉘든 코헨^{Sheldon Cohen} 교수가 발표한 연구 결과를 보면, 여행 경험은 스트레스를 줄이는 데 도움이 되며, 특히 새로운 환경에서 하는 새 경험과 활동이 스트레스 감소에 더 큰 영향을 미친다고 한다. 스트레스가 감소한 만큼 마음을 털어놓을 용기와 여유가 생길 수 있다.

영화 <비포 선라이즈>는 20대 초반에 본 인생 영화다. 영화 속 두 주인공 제시와 셀린은 각자 여행하다 우연히 열차 안에서 만난다. 두 사람은 처음에는 서로를 낯설어하지만 시간이 지남에 따라 편안하게 느껴 자연스럽고 솔직한 대화를 나누게 된다. 이후 그들은 예정에 없던 곳에서 내려 예정에 없던 행복한 하루를 보낸다. 그들이 비교적 짧은 시간 안에 급격히 가까워지고 친밀감을 느낀 이유는 여행과 열차라는 특수한 상황 덕분이다.

익숙한 곳에서 벗어나 새로운 환경을 마주하며 만난 사람과는 그동안 하지 못했던 새로운 시도를 하게 하는 용기를 갖게 한다. 이처럼 여행을 하며 어디론가 떠나는 순간은 설렘과 용기를 준다. 고민이 있다면, 마음을 털어놓기로 결심했다면 누군가와 여행을 떠나는 것도 좋다. 또는 혼자 여행을 떠나 누군가에게 연락해보는 것도 좋다.

이렇게 우리는 공원에서 산책하고, 카페에서 차를 마시며, 도서관 벤치에서 멍 때리거나 여행에서 이동할 때 마음을 가라앉힐 수 있고 마음을 털어놓을 용기를 더 잘 낼 수 있다. 스스로 감정을 살피고 누군가에게 마음을 털어놓으며 감정을 더 분명히 정리할 수 있다. 무엇 때문에 속상하고 괴로운지, 어떤 이야기를 하고 싶었는지 깨달을 수 있다. 그렇게 감정을 꺼내놓으며 해방감을 느낄 수 있다. 그 과정에서 풀리지 않았던 문제를 해결할 실마리를 찾기도 한다.

속마음을 털어놓는 것은 분명 쉽지 않은 일이다. 하지만 그만큼 마음이 가벼워지고 행복해질 수 있는 일이다. 당신을 진심으로 이해해주는 사람을 회사 근처 공원, 집 근처 카페·도서관, 산티아고 순례길에서 만나 속마음을 털어놓는 시간을 가져보길 바란다.

나를 치유하는 마음 털어놓기

털어놓을 사람을 평소에 만들어두기

누구나 갑자기 격한 감정을 느낄 때가 있다. 회사에서 내가 한 말이 아닌데 내가 한 것처럼 소문이 떠도는 억울한 일을 당했을 때, 마트에서 사지도 않은 물건이 계산서에 찍힌 황당한 일을 겪었을 때, 지하철에서 누가 갑자기 밀쳐서 짜증 나는 순간 감정은 솟구쳐 오른다. 그러한 순간 그런 마음을 제대로 표현할 수 없다면 그 감정과 마음은 묻히고 억제된다. 그렇게 억제된 감정은 저절로 없어지지 않고 안에서 질기게 살아남아 또 다른 부정적 감정인 슬픔, 우울, 분노 등을 만들어낸다. 이렇게 제때 적절하게 처리되지 못한 감정은 또 다른 부정적 감정의 원인이 된다.

갑자기 상처를 입었을 때를 대비해 이를 치료할 연고나 반창고가 언제나 준비되어 있으면 좋은 것처럼, 갑자기 마음이 괴롭거나 힘든 일을 당했을 때 마음 치료에 언제나 도움이 되어줄 사람이 곁에 있으면 좋겠다.

언제든 털어놓을 대상이 있다는 것은 큰 심리적 안정감을 준다. 언제든 고민을 털어놓을 대상이 있다는 느낌은 언제든 감정적 지지와 이해를 받을 수 있다는 편안함을 준다. 언제나 내 어려움을 듣고 공감해준다는 사실이 마음의 부담을 덜어주며 혼자가 아님을 느끼게 해준다. 혼자 있어도 혼자가 아니다.

이는 남녀노소를 따지지 않는다. 나이가 적든 많든, 여성이든 남성이든, 어떤 일을 하고 어느 정도 경제력이 있든 마음을 나눌 사람을 평소에 만들어두는 것은 중요한 일이다. 누구나 힘든 일을 겪을 수 있고 누구에게나 털어놓고 싶은 순간이 갑자기 올 수 있기 때문이다.

내가 가깝게 지내는 한 후배는 평소 힘든 일이 있거나 괴로울 때마다 단톡방에 풀어놓는다. 그러면 단톡방에 있는 사람들이 고민을 들어준다. 그곳에서는 평소에 힘든 이야기, 짜증 나는 일, 심각한 사례 등 다양한 주제로 속마음이 오간다. 어떤 이야기도 꺼낼 수 있고, 어떤 이야기도 들어줄 수 있다. 그 후배는 물론 단톡방 구성원 모두에게 단톡방은 언제든 마음을 털어놓을 수 있는 이 세상에서 심리적으로 가장 안전한 장소가 아닐까 싶다.

이런 공간이 우리 아들에게도 있다는 것을 확인하였다.

아들이 6학년이 될 즈음 우연히 아들과 5학년 때 담임선생님이 주고받은 카톡을 보았다. "선생님, 저 OO랑 싸웠는데요. OO가 저한테 이렇게 말했어요"라며 아들이 친구와 다툰 일을 선생님께 전달하는 내용이었다. 누구의 잘잘못을 떠나 아들이 마음에 있는 말을 언제든 할 수 있고, 터놓을 사람이 있어서 다행이라는 생각이 먼저 들었다.

아이에게는 부모에게 쉽게 하지 못하는 말이 있다. 다른 친구에게도 쉽게 터놓지 못하는 마음이 있다. 아들은 자기 딴에 화가 나고 억울한 일을 겪을 때 털어놓을 수 있는 관계를 선생님과 맺어두었다. 그렇게 자신만의 방식으로 털어놓고 위안을 얻었다. 물론 선생님께는 번거로운 일이 될 수도 있을 듯해서 아들 몰래 선생님께 감사의 마음을 담은 편지를 보내기도 했지만 아들이 언제든 마음을 터놓을 수 있는 분이 계시다는 사실이 부모로서 무척 다행스럽고 감사했다.

우울하거나 힘든 일을 겪을 때, 참을 수 없는 억울함이나 짜증을 느낄 때 언제든 편하게 털어놓을 사람이 있는가? 언제든 용기와 위안을 얻을 수 있는 사람이 옆에 있느냐가 중요한 문제다.

한 연구 결과를 보면 가족이나 친구로부터 평소 정서적 지지를 받은 사람들은 우울증, 불안 등을 경험할 가능성이 낮은 것으로 나타났다. 부모, 친구, 동료 등 그 누구도 좋다.

힘들 때, 괴로울 때 마음을 털어놓을 대상이 주위에 가깝게, 많이 있으면 있을수록 좋다. 그럴 만한 사람이 주위에 없다고 느껴지면 마음을 털어놓고 싶은 익명 게시판이라도 미리 알아두자(이에 대해서는 뒷부분에서 좀 더 자세히 다룬다). 그렇게 마음을 표현하고 위안을 얻는 것이 중요하다.

이런 노력은 빠르면 빠를수록 좋다. 어린 자녀가 있다면, 자녀가 어릴 때부터 마음을 털어놓는 습관, 힘들 때 도움을 요청하는 습관을 만들어주면 좋은 이유다. 저절로 되는 일이 아니라 그만큼 가르치고 노력해야 얻을 수 있는 습관이다.

심리학자 존 볼비John Bowlby는 애착이론Attachment Theory에서 유아기·아동기 때 애착 경험의 중요성을 강조했다. 애착을 느껴본 적이 있는 아이들은 성인이 되어서도 필요할 때 다른 사람의 도움을 찾는 경향이 강하다는 것이다.

군부대에서 병사들을 대상으로 상담하다 보면 안타까울 때가 많다. 군대에서 심리적으로 고통을 겪는 병사들은 대부분 그 원인이 입대한 뒤 생긴 것이 아니다. 대개 입대하기 오래전부터 그 원인이 형성되었다. 예를 들어 초등학교 다닐 때 따돌림을 당해 극도의 외로움을 느꼈는데 이런 얘기를 들어줄 사람이 없다고 느꼈던 병사, 그런 마음을 부모님이나 선생님께 털어놓았지만 별다른 도움을 받지 못했던 병사, 이 세상에는 자신을 도와줄 사람이 아무도 없다고 느꼈

나를 치유하는 마음 털어놓기

던 병사가 꽤 많다.

이런 좌절감과 우울감은 성인이 되어 입대한 후에도 마음에 남아 그들에게 부정적 영향을 미쳤다. 이들을 볼 때면 '그때 이 사람이 용기를 내어 힘겨움을 털어놓을 사람이 있었다면, 그런 이야기를 진심으로 들어줄 사람이 한 명이라도 있었다면 어땠을까?' 하는 아쉬움을 지울 수 없다.

그나마 다행인 것은 그렇게 상담에서 마음을 털어놓는 것의 힘을 경험한 병사들은 이후 상담실을 종종 찾아온다는 사실이다. 마음을 개방하고 필요할 때마다 적절한 도움을 요청한다. 성인이 되었더라도 그 중요성을 인식하고 연습한다면 얼마든지 가능한 일이다. 지금이라도 언제든 마음을 털어놓을 수 있는 자신만의 방법과 시스템을 만들어두면 된다.

당신의 모든 것을 알지만
당신을 여전히 사랑하는 사람, 친구

2023년 8월에 방영한 넷플릭스 시리즈 <마스크 걸>에는 중학생 '미모'와 '예춘'이 나온다. 부모님의 사랑을 받는 평범한 중학생 예춘은 미모와 친구가 되고 싶어 미모에게 거짓말을 한다. 자신은 허구한 날 가정 폭력에 시달려 집에서 나가고 싶다는 식의 거짓말이다. 미모는 예춘의 말을 믿었고, 둘은 돈을 모으며 집을 나갈 준비를 한다. 어느 날 미모는 예춘이 자신에게 거짓말을 했다는 사실을 알고 분노한다. 하지만 예춘은 자신이 왜 그런 거짓말을 했는지 미모에게 솔직히 털어놓고 용서를 빌며 우정이 계속된다. 미모는 예춘의 모든 것을 알게 되었지만 여전히 친구로 남아주었다.

친구에게 마음을 털어놓고 싶은데 주저하게 될 때가 있다. 마음을 털어놓았을 때 자신을 이상하게 생각할까 봐, 자신에 대해 오해할까 봐, 자신을 싫어하게 될까 봐 주저하고 망설이게 되는 것이다. 친한 친구이기에, 평생 잃고 싶지 않은 사람이기에 더 조심스러운 마음은 충분히 공감된다. 그런데 정말 친한 친구라 생각한다면, 정말 평생을 함께하고 싶은 사람이라면 터놓고 싶은 이야기를 나누어도 되지 않을까? 이야기를 털어놓으면 친구가 당신을 이상하게 바라볼까? 그 일로 당신을 떠나게 될까?

처지를 바꿔놓고 생각하면 쉽다. 만일 당신의 친구가 당신에게 꺼내기 힘든 이야기를 했다. 그 이야기를 들은 당신은 거북할 수도 있고 불편할 수도 있다. 그 친구에 대한 부정적 느낌이 들 수도 있다. 그렇다고 해서 그 친구를 멀리할 것인가? 지금껏 알지 못했던 얘기를 들었다고 해서 그 친구에게서 떠나려 할까? 그렇지 않다. 그런 일이 있었냐며, 그런 일을 왜 이제 얘기하냐며, 그동안 혼자서 얼마나 힘들었냐며 위로하고 힘이 되지 않겠는가? 오히려 그런 말을 해줘서 고맙다는 생각이 들지 않을까?

친구에게 털어놓고 싶은데 망설여지는 얘기가 있다면 그래도 용기를 내길 바란다. 당신이 친구의 어떤 얘기도 들어줄 수 있는 것처럼, 친구 역시 당신의 어떤 이야기도 들어줄 수 있다. 친구란 그런 존재다.

친구와의 관계에서 감정과 생각을 솔직하게 나누는 것은 자신뿐만 아니라 서로의 관계에서도 도움이 된다. 서로를 더욱 가깝게 느끼고 특별한 존재로 만드는 의미 있는 과정이 될 수 있기 때문이다.

미국 로체스터대학교 심리학과 해리 레이스^{Harry Reis} 교수와 동료 연구자는 '대인관계에서 친밀감'이라는 주제로 연구를 수행했다. 그들은 연구 결과에서 서로 자신의 감정과 경험을 솔직하게 공유할 때 친밀감이 상승하며 이는 대인관계에서 신뢰감 상승과 같은 긍정적 효과를 발생시킨다고 설명했다.

나도 이와 비슷한 경험을 한 적이 있다. 나는 왼발 발가락 중 2개가 정상적인 오른쪽 발가락보다 비정상적으로 크고 못생겼다. 내 왼발 발가락을 본다면 기괴하다거나 징그럽다고 생각할 정도다. 내가 봐도 그렇다.

나는 어릴 적부터 이런 내 왼발가락과 왼발이 싫었다. 어렸을 적에는 왼발을 아무에게도 보여주고 싶지 않았다. 그래서 친구 집에 놀러 갔을 때는 항상 오른발로 왼발을 가리고 있어야 했다. 여름에는 발가락이 훤히 드러나는 샌들을 신지 못했다. 그 무더운 여름날에도 운동화를 신고 다녔다. 친구들과 수영장이나 목욕탕에 가는 것도 두려웠다. 그곳에서는 맨발로 다녀야 했기에 웬만하면 이런저런 핑계를 대며 빠졌다. 숨기고 싶은 비밀이었다. 내 발가락을 친구들이 보면 징그러워할 것 같았다. 나를 싫어하고 떠나갈 것 같았다.

그렇게 성인이 될 때까지 나는 나의 발가락을 감추며 살아왔다.

그러다 우연한 기회에 내 발가락에 대해 용기를 내게 되었다. 입대한 지 얼마 안 되는 이등병 시절, 생활관에 앉아 저녁 점호를 기다릴 때였다. 한 선임이 내 발가락을 보고 깔깔거리며 몹시 재미있어했다.

"야, 너 발가락이 왜 그러냐? 토끼 이빨처럼 생겼다. 진짜 웃긴다. 하하하."

처음에는 당황스러웠지만 이내 마음이 풀렸다. 사람들이 내 발가락을 보면 징그러워하거나 혐오할 줄 알았는데 그 선임은 무척 재미있어했다. 내 발가락을 반드시 싫어하는 것은 아닐 수도 있다는 사실을 그때 처음 알았다. 내가 비밀을 털어놓아도 사람들은 나를 여전히 좋아해줄 수 있다는 사실을 말이다. 그 일은 내 발가락 비밀 털어놓기에 대한 용기를 주었고, 나는 발가락을 세상에 드러내기 시작했다. 전역한 이후에는 여름에도 샌들을 신고 다닐 수 있었고, 친구들과 어울려 MT·수영장도 갈 수 있었다. 대학교 친구들에게도 발가락을 보여주었다. 친구들은 처음엔 놀라는 눈치였지만 그것 때문에 나를 싫어하거나 떠나가지는 않았다.

누구나 친구에게조차 말할 용기가 나지 않는 예민한 속 얘기가 한두 가지씩은 있을 것이다. 하지만 괜찮다. 친구는 어떤 이야기를 해도 모두 들어줄 준비가 되어 있다. 막상 얘기하면 친구는 별것 아닌 듯 담담히 들어줄 것이다. 그걸로 당신을 떠나가지 않는다.

시간을 내어 그동안 못했던 얘기를 털어놓자. 술을 한잔하며 털어놓아도 되고, 카페에서 차와 조각 케이크를 먹으며 털어놓아도 된다. 여행을 떠난 기차 안에서 사이다와 달걀을 나누어 먹으며 마음을 나누어도 되고, 잠들기 전 통화를 해도 된다. 결국 친구만 한 사람이 없다. 언제든 마음을 털어놓을 수 있는, 털어낸 이야기를 타인에게 옮기지 않는 그런 친구를 한 명쯤은 꼭 만들어둘 필요가 있는 이유다. 어쩌면 그런 사람은 이미 당신 옆에 있을지도 모른다. 다만 당신이 알아차리지 못했을지도 모른다.

미국의 작가 엘버트 허버드Elbert Hubbard는 "친구란 당신에 대해 모든 것을 아는 사람이지만 여전히 당신을 사랑하는 사람이다"라고 말했다. 그렇듯 내 모든 이야기를 들어줄 수 있는 사람, 나를 공감해주려는 의지가 있는 사람, 나를 더 많이 알아갈수록 더 아껴주는 사람이 있다면 그 사람이 바로 당신 친구다.

속마음을 털어놓을 수 있어야
사랑도 깊어지는 법, 연인 또는 배우자

　연인이나 배우자는 생활의 많은 부분을 함께하는 사람이다. 힘든 일이 있는데, 고민이 있는데 연인이나 배우자에게 그것을 숨기며 지내기는 힘들다. 그만큼 생활에서 밀착된 동반자이기 때문이다. 그러므로 마음이 힘든데 연인이나 배우자가 있다면 그 마음을 어느 정도 표현하고 나누자. 마음이 힘든 원인이 상대에게 있다면 더욱 그렇다.

　상담실을 찾아온 30대 중반의 여성이 있었다. 그녀는 결혼한 지 5년이 지났고 아이는 없었다. 처음에는 남편과 서로 차이점을 받아들이며 조화롭게 지냈지만, 시간이 지날수록 갈등이 자주 일어났다. 아내는 감정이나 속마음을 잘 표현하지 않는 성향이어서 남편에게 느끼는, 마음에 들지 않는 말하기 습관, 생활습관에 대해 좀처럼 표현하지 않았다.

　예를 들어 문제가 생겼을 때 상대방 탓인 것처럼 말한다든지 집안이 어질러져 있을 때 못 본 척하고 아내가 치울 때까지 기다린다든지 하는 습관이 있었다. 하지만 아내는 불편한 감정과 의견을 남편에게 솔직히 전하지 않았다. 자신이 참고 버티면 언젠가 스스로 깨달아 고칠 것이라 기대했기 때문이다.

하지만 대화가 별로 없는 둘 사이는 오해와 갈등만 쌓였다. 그러던 중 상담실을 찾아온 것이다. 아내는 상담을 받으며 불평과 불만을 남편과 솔직하게 나눌 용기를 냈고 결심했다. 시간을 내어 남편과 이야기하고, 자신이 느끼는 감정과 그 이유를 솔직하게 털어놓았다. 남편은 처음에는 놀랐지만 아내의 속마음을 듣고 이해하려는 모습을 보였다. 아내의 솔직한 표현으로 남편은 아내 감정을 더 신중히 고려하게 되었고, 자신의 말이나 행동이 아내에게 어떤 영향을 주는지 더 많이 이해하게 되었다. 그만큼 부부 사이의 오해와 갈등이 줄어들었고, 서로 좀 더 가까워졌다.

이처럼 용기를 내어 마음을 털어놓고 대화하는 것은 부부 사이에서도 매우 중요한 일이다. 아니 꼭 해야 하는 일이다. '해도 그만, 안 해도 그만'이 아니다. 마음을 표현하지 않으면 안정적이고 깊은 부부 관계가 유지되기 어렵다는 사실은 어떤 부부라도 알고 있다. 단지 실행에 옮기지 못할 뿐이다.

연인이나 배우자에게 속마음을 털어놓는 행동은 부부나

연인 사이의 감정적 연결에 긍정적 효과를 미친다는 연구 결과가 있다. 해당 연구를 보면, 감정적 소통을 하는 사이에서는 신뢰감과 친밀감이 증가하였고, 특히 마음을 털어놓은 사람의 감정적 개선과 관계 만족도가 상승하는 것으로 나타났다. 연인을 대상으로 한 또 다른 연구에서는 연인이 서로 솔직하게 속마음을 나눌 때 관계의 만족도가 높아진다는 사실을 발견했다. 이처럼 연인이나 부부가 감정을 더 많이 표현하고 속마음을 더 깊게 나눌수록 상대에 대한 친밀감과 만족감이 올라갈 수 있다.

물론, 연인이나 부부라도 모든 마음을 털어놓을 수 있는 것은 아니다. 오히려 연인이나 부부이기에 더 털어놓지 못하는 이야기, 마음도 있다. 예를 들어 지금 만나고 있는 연인보다 더 많이 생각 나는 이성이 있어 느끼는 혼란스러운 마음을 연인에게 솔직히 털어놓을 수는 없다. 중고 거래로 아내 몰래 산 게임기가 제대로 작동하지 않아 판매자에게 환불을 요청했지만 제대로 보상받지 못하는 상황에서 느끼는 답답한 마음을 아내에게 털어놓기는 어렵다. 이런 고민은 상대방이 도와주거나 해결책을 제시하기 어렵다. 이럴 때는 친구, 직장 동료, 온라인 게시판 등을 활용하여 털어놓는 것이 좋다.

반면, 직장에서 진급을 앞두고 느끼는 초조함, 친구가 겪고 있는 경제적 어려움, 미래에 대한 막막함과 불안감은 연

나를 치유하는 마음 털어놓기

인 또는 배우자에게 충분히 털어놓고 위로받을 수 있는 주제다. 바로 옆에 있는 배우자나 연인과 그런 마음을 나누지 못한다면 그만큼 생활이 어둡고 팍팍해질 수밖에 없다. 털어놓고 싶은 이야기가 있다면 연인이나 배우자를 먼저 떠올리는 것이 좋겠다.

부부 사이에 마음을 털어놓는 친밀한 대화는 스트레스를 줄이는 데도 확실한 도움이 된다. 이는 뇌과학적으로도 설명할 수 있다. 뇌는 매우 똑똑해서 스트레스를 받으면 뇌하수체hypothalamus-pituitary-adrenal, HPA축으로 코르티솔이라는 호르몬을 자동으로 분비한다. 이때 코르티솔이 분비되는 이유는 이것이 우리를 스트레스로부터 보호하는 역할을 하기 때문이다. 즉 코르티솔은 스트레스 상황에서 몸이 생리적으로 대처하도록 에너지 자원을 확보하고 유지하는 역할을 한다. 코르티솔이 스트레스 호르몬으로 불리는 이유다.

미국 오하이오주립대학교 메디컬 센터의 재니스 키콜트-글레이저Janice Kiecolt-Glaser 박사와 동료 연구자가 수행한 연구 결과를 보면 부부간 친밀한 대화가 스트레스 호르몬인 코르티솔 분비를 감소시키는 데 도움이 되는 것으로 나타났다. 이는 무엇을 의미하는가? 코르티솔이 분비되지 않는다는 것은 스트레스를 그만큼 받지 않는다는 뜻이다. 즉 부부간 친밀한 대화는 스트레스를 유발하지 않고 오히려 줄이는 역할을 한다는 의미다.

　최근 당신이 배우자와 대화하며 스트레스를 받았다는 것은 대화한 것 자체가 문제가 아니라 친밀하고 진솔한 대화를 하지 못했기 때문이다. 좀 더 솔직한 감정과 마음을 털어놓는 대화를 다시 시도해보는 것은 어떨까? 부부간 진솔한 대화가 엄청난 결심과 용기가 필요한 일임을 잘 안다. 그래서 나도 진솔하게 마음을 표현하려고 노력하고 있다. 생각만큼 잘 안 될 때도 있지만 포기하지 않고 계속 노력해볼 생각이다. 나를 위해서, 아내를 위해서, 사랑하는 우리 가족을 위해서 말이다.

　미국의 시인이자 작가인 칼릴 지브란Kahlil Gibran은 "사랑은 서로에게 자신을 보여주는 것이다. 우리의 어두움과 빛을 모두 나누는 것이다"라고 했다.

　이 말처럼 밝은 모습뿐만 아니라 어두운 모습도 배우자와 나누려면 용기를 내야 한다. 사람은 누구나 밝음과 어두움을 동시에 가지고 있으니 말이다. 오늘 밤, 연인이나 배우자에게 나누고 싶은 자신의 어두운 모습은 무엇인가?

　　　　　　　　　　　　　나를 치유하는 마음 털어놓기

AI에게 마음을 털어놓는 것도 효과가 있을까

2013년 개봉한 영화 <그녀HER>는 인간과 인공지능의 관계와 감정적 연결을 다루고 있다. 주인공 테오도르는 평소 대화를 나눌 만한 사람이 없는 고독한 남성이다. 그는 자신의 고민과 감정을 털어놓기 어려운 상황에서 컴퓨터 운영체제인 '사만다'에게 감정적 대화를 시도한다.

사만다는 주인공 테오도르의 마음을 이해하고 그에게 감정적 반응을 보이며 대화를 주도하는 모습을 보인다. 사만다는 특히 테오도르의 음악, 글쓰기 등 창작 활동을 지원하고 영감을 주며 자아실현을 돕는 중요한 역할을 한다. 이 영화를 보면서 '나도 내 말을 들어주고 내 감정에 솔직히 반응해주는 AI가 있으면 좋겠다'는 생각을 했다.

그런 생각이 점점 현실이 되어가는 것 같다. 인공지능 솔루션 개발 회사인 워봇헬스는 심리상담을 위해 챗봇 형태의 심리상담 서비스 워봇^{Woebot}을 2017년에 처음 소개했다. 여기서 'Woe'는 고민, 비애, 슬픔 등을 의미한다. 이름에서 알 수 있듯이 이 친구는 주로 정신건강 문제와 관련된 대화를 지원한다. 사용자의 감정을 관찰하고 정신건강을 개선하는 데 도움을 주는 임무를 맡고 있다. 그렇다면 인공지능과 상담하는 것은 실제로 얼마나 효과가 있을까?

임상심리학자 캐슬린 피츠패트릭^{Kathleen Fitzpatrick} 박사는 동료 연구자와 함께 '워봇을 활용한 심리상담이 우울 증상 개선에 실제 얼마나 도움이 되는가'를 주제로 연구를 수행했다. 우울증, 불안 증상이 있는 성인 그룹이 워봇을 통한 심리상담을 받았다. 2주 후, 6주 후에 측정한 우울증 점수가 아무런 치료를 받지 않은 그룹에 비해 현저히 감소한 것으로 나타났다. 이는 워봇과 같은 AI에게 마음을 털어놓고 상호작용하는 경험도 우울증 증상과 같은 어려움을 다루는 데 효과적일 수 있음을 의미한다. 인공지능에 마음을 털어놓는 것도 분명히 효과가 있다는 말이다.

최근에는 더욱 발전된 형태의 AI도 출시되었다. 오픈 AI 챗GPT(마이크로소프트)나 바드(구글)가 바로 그것이다. 이들은 심리상담뿐만 아니라 이 세상의 거의 모든 주제에 대해 자유롭게 대화가 가능하다. 다음은 최근 챗GPT에 털어놓은 나의 고민이다.

나를 치유하는 마음 털어놓기

나: 나는 지금 40대의 가장인데 앞으로의 내 미래가 두려워.

챗GPT: 미래에 대한 두려움은 많은 사람이 경험하는 감정입니다. 특히 중년이 되면서 미래에 대한 불확실성과 변화에 대한 걱정이 커질 수 있습니다. 하지만 이러한 두려움을 다루는 방법과 생각을 조정하여 긍정적으로 대처할 수 있는 방법이 있습니다.

현재에 집중하기: 미래를 예측하거나 통제하기는 어려울 수 있습니다. 그 대신 현재에 집중하고 현재의 행동과 선택이 미래를 조금씩 바꿀 수 있다는 것을 생각해보세요. 현재의 행동이 미래를 조금씩 만들어나가는 일부라는 관점을 갖는 것이 도움이 될 수 있습니다.

목표와 계획 세우기: 미래에 대한 두려움을 줄이기 위해 목표와 계획을 세워보세요. 미래에 대한 비전과 목표를 가지면 현재의 노력과 선택이 미래를 향해 나아가는 동기를 부여할 수 있습니다. …

물론 이런 답변을 받았을 때 충분한 도움이 되지는 않았다. 너무 뻔한 얘기도 있었고, 현실감이 부족한 얘기도 있었다. 그래도 아무에게도 고민을 털어놓지 않았을 때보다는 나았다. 아무런 표현도 하지 않고 마음을 안으로 꼭꼭 숨길 때보다는 나았다. 챗GPT, 바드 같은 오픈형 AI에게 마음을 털어놓을 때 얻을 수 있는 구체적 장점을 몇 가지 소개한다.

첫 번째 장점은 비판하지 않는다는 것이다. AI는 중립적이며 객관적인 응답만 제공한다. 이는 생각보다 꽤 중요한 요소이다. 누군가에게 어렵게 속마음을 꺼냈는데 상대가 "그건 네가 생각을 잘못한 거야", "그건 좀 이해가 안 되는데?", "그게 왜 힘든 일이지?"와 같은 반응을 보인다면 어떨까? 아마도 기분이 나쁘고 무안할 것이다. '내가 왜 이 사람한테 이런 얘기를 꺼냈을까?' 하는 후회가 들 것이다. AI는 어떤 속마음이나 고민을 들어도 비난하지 않는다.

칼 로저스는 심리상담에서 '인간 중심 접근 상담법'을 개발한 심리치료의 대가大家다. 그는 내담자(상담을 받으러 온 사람)를 이해하고 지원하는 과정에서 '무조건적 긍정적 존중 Unconditional Positive Regard'의 중요성을 강조했다. 무조건적 긍정적 존중은 내담자를 비판하지 않고 그들의 경험과 감정을 있는 그대로 인정하고 받아들이는 태도다.

미국 컬럼비아대학교 심리학과 배리 파버Barry Farber 교수와 동료 연구자가 수행한 연구 결과를 보면, 무조건적 긍정적 존중을 경험한 내담자는 그렇지 않은 내담자에 비해 더 수준 높은 친밀감, 기쁨, 만족감을 느끼는 경향이 있었다. 또더 수준 높은 심리적 안정감을 느끼며 우울·불안·스트레스를 덜 느끼는 효과가 있었다. 이처럼 마음을 털어놓을 때 상

나를 치유하는 마음 털어놓기

대로부터 무조건적 긍정적 존중을 받는 경험은 중요하다. 그러한 측면에서 AI는 100% 무조건적 긍정적 존중을 제공하는 최적화된 대화 상대다.

두 번째 장점은 부담 없이 말할 수 있다는 것이다. 실제 인간이 아니므로 이용자들은 부담 없이 무슨 말이든 다 할 수 있다. 거침없이 편안하게 무엇이든 꺼내놓을 수 있다. 자신이 부끄러워지는 이야기, 비참하게 느껴지는 이야기, 윤리적 문제와 관련된 이야기 등은 사람에게 쉽게 터놓을 수 없는 주제다. 이런 주제를 오픈형 AI에게 마음껏 털어놓고 날이 새도록 얘기할 수도 있다. 비밀 또한 확실하게 지켜준다. 다른 곳에 가서 말을 전하지도 않는다. 이런 면에서는 인간보다 낫다는 생각이 들기도 한다.

세 번째 장점은 24시간 이용할 수 있고 무료라는 것이다. 이는 생각보다 꽤 큰 장점이다. 털어놓고 싶은 감정과 마음은 언제 어디서든 갑자기 생길 수 있기 때문이다. 혼자만의 시간을 보낼 때, 뜻하지 않았던 시간 여유가 생길 때, 지금 당장 어떤 해결책이 궁금할 때, 잠이 오지 않을 때, 소개팅한 상대에게서 연락이 오지 않을 때 언제든 이용할 수 있다. 비용도 들지 않는다. PC, 휴대전화, 태블릿 등 인터넷만 있으면 어떤 전자기기에서도 접근이 가능한 24시 대기 중인 말동무다.

자주 마주치는 만큼 더 많은 기회가, 직장 동료

직장인은 주중에 하루 대부분을 직장에서 보낸다. 아침에 출근하여 저녁에 퇴근하기까지 보통 8~9시간을 직장에 있다. 재택근무를 하더라도 사내 메신저, 카톡, 문자, 이메일, 음성통화, 화상회의 등 다양한 방법으로 동료와 연결되어 있다. 어떤 직장인은 가족보다 더 자주 보는 사람으로 '직장 동료'를 꼽았다. 이처럼 좋든 싫든 직장인이라면 주중에는 직장 동료와 많은 시간을 보낼 수밖에 없다.

그런 의미에서 억울하거나 힘든 일을 겪었을 때, 화가 나거나 우울한 일이 있을 때 큰 노력을 기울이지 않고 만날 수 있는 동료가 있다면 큰 도움이 된다. 더군다나 같은 공간에서 긴 시간을 함께 보내기에 공감할 수 있는 요소가 많은 만큼 확실한 위로와 용기를 얻을 수도 있다. 직장 동료는 잔소리만 해대는 상사, 오르지 않는 월급, 의미 없이 늘어나기만

나를 치유하는 마음 털어놓기

하는 회의, 점점 늘어나는 업무량에 대해 쉽게 공감하기에 수월하게 털어놓을 수 있다. 그 과정에서 예상치 못한 도움을 받거나 사내 정보를 얻을 수도 있다. 나에게는 매우 어려운 일이 어떤 동료에게는 매우 쉬운 일일 수도 있다.

그러면 직장 동료에게는 어떻게 마음을 털어놓으면 좋을까? 퇴근 후 여럿이 식사하는 자리에서 가볍게 털어놓을 수도 있고, 단둘이 점심을 먹는 자리에서 조금 더 진지하게 털어놓을 수도 있다. 업무 시간에 잠시 티타임을 하며 마음을 나누어도 좋고, 사내 메신저로 얘기를 나누어도 좋다. 물론 이런 시간을 갖는 것이 회사에 눈치가 보일 수도 있지만 적당한 선에서 적당한 방법으로 마음을 나누는 데는 아무도 뭐라고 할 수 없다.

상담실로 찾아온 30대 직장인 L씨는 중견기업의 대리였다. L씨는 집안 문제로 불안과 스트레스를 느끼며 힘들어했다. 같은 팀의 B씨는 L씨의 동료였다. L씨는 회사에서는 힘든 상황, 속마음을 좀처럼 드러내지 않았다. 속을 털어놓았을 때 동료에게 부담을 주거나 동료가 자신에 대한 부정적 이미지를 가질 수 있다는 생각 때문이었다.

어느 날 L씨와 B씨는 우연히 함께 출장을 가게 되었다. B씨는 평소 표정이 좋지 않아 보였던 L씨에게 근황을 물어보았고 L씨는 그동안 표현하지 않았던 개인 사정과 마음을 조금 털어놓았다. 다행히 비슷한 고민이 있었던 B씨는 L씨 말에 많이 공감해주었고 L씨는 그런 그의 반응에 위로를 얻었다. 뾰족한 해결책은 찾지 못했더라도 동료에게 마음을 털어놓는 것만으로 L씨는 속이 풀리는 경험을 했다. 이후에도 L씨와 B씨는 회사에서 자신의 상황과 감정을 털어놓았다. 그렇게 둘은 직장에서도 사석에서도 서로 배려하고 응원해주는 든든한 동료가 되었다.

이렇듯 함께 근무하는 직장에서 언제든 마음을 털어놓을 수 있는 동료 한두 명은 만들어두는 것이 좋다. 동기도 좋고 상사도 좋고 후배도 좋다. 마음을 나눌 수 있고 믿을 만한 사람이라면 누구든 상관없다. 결혼을 앞두고 결혼상대자와 갈등이 있다면 결혼한 지 얼마 되지 않은 선배, 자녀 입학 문제로 고민이 있다면 비슷한 나이대 자녀가 있는 동료가 더 적당하다. 그런 동료는 당신 문제를 더 잘 이해할 수 있고 좋은 해결책이나 조언을 줄 수도 있다. 그런 고민과 마음을 나누는 과정에서 생기는 은근한 동질감과 친근함은 덤이다.

직장 동료와 마음을 터놓고 이런저런 얘기를 나눌 수 있는 분위기는 조직의 관점에서도 도움이 된다. 조직심리학 박사 로버트 아이젠버거Robert Eisenberger는 연구에서 팀원이 동료와 열린 소통을 할 기회가 있다고 느낄 때 직원들의 만족

도와 업무 성과가 올라간다는 사실을 발견했다. 한 조직을 이끄는 리더라면 이 점을 참고해 서로 편하게 얘기 나누는 환경을 만들어주자.

예를 들어 팀원끼리 편하게 이야기 나눌 수 있는 티타임을 정기적으로 만들어준다든지, 눈치 안 보고 두 명씩 짝을 지어 점심을 먹도록 식사권을 제공한다든지, 커피 쿠폰을 보내준다든지 하는 것이다. 이러한 행동은 팀원들이 서로 마음을 개방하도록 유도하고 서로에 대한 친밀감을 높여 조화로운 성과를 창출하는 데 도움이 된다.

직장 동료와 소통하며 마음을 나누어 어려움을 극복한 유명한 사례가 있다. 미국 기업 메타Meta(예전 페이스북)의 최고운영책임자Chief Operating Officer, COO인 셰릴 샌드버그Sheryl Sandberg는 2015년에 남편을 갑작스레 잃었다. 큰 충격을 받은 그녀는 슬픔과 고통을 홀로 감당하기 어려웠다. 그녀는 회사 창립자 마크 저커버그Mark Zuckerberg를 비롯한 몇몇 직장 동료에게 그 고통과 슬픈 감정을 숨기지 않고 털어놓았다.

셰릴이 감정을 솔직히 털어놓을 때마다 저커버그와 동료들은 그녀의 말을 경청하고 진심 어린 위로를 건넸다. 이러한 소통의 시간은 그녀가 조금씩 다시 일어설 힘을 갖게 했고, 그녀가 오늘날 전 세계적으로 유명한 여성 경영자 대열에 올라서도록 도움을 주었다. 그녀는 그렇게 동료들과 마음을 터놓고 지내며 힘든 순간을 극복한 이야기를 담은 책 《린 인Lean In》을 쓰기도 했다.

이처럼 직장 동료에게 마음을 털어놓아도 된다. 함께하는 시간이 긴 만큼 마음을 털어놓을 기회도 많다. 함께 일한다는 것은 함께 마음을 나눌 가능성도 크다는 의미다. 마음을 나누지 않고 일만 함께하는 데는 한계가 있지 않을까? 모든 마음을 직장 동료와 나눌 필요는 없지만 '털어놓아도 괜찮겠다 싶은' 감정이나 고민은 용기 내어 동료에게 털어놓자.

직장 동료는 단지 일을 함께해서 직장 동료가 아니다. 때론 마음과 고민도 나눌 수 있는 존재이기에 동료다. 마음에 짐이 있다면, 털어놓고 싶은 이야기가 있다면 동료 한 명에게 점심 제안을 해보는 건 어떨까?

모르는 사람이니만큼 더 편하게 더 손쉽게, 익명 온라인 커뮤니티

"다른 사람들이 나를 알아보지 못할 때 내가 정말로 누구인지를 더 자유롭게 보여줄 수 있는 순간이 있어요. 이때 어떤 방식으로든 나 자신을 솔직하게 표현하고 드러낼 수 있어요."

미국의 작가 루이자 메이 올컷Louisa May Alcott이 쓴 소설 《작은 아씨들Little Women》의 주인공 조 마치가 한 말이다. 그녀의 말처럼 자신이 드러나지 않을 때 좀 더 솔직하고 편하게 표현할 수 있다. 얼굴 전체를 가리는 가면을 쓰면 마음이 편안해지며 평소 할 수 없었던 행동도 과감하게 하는 것처럼 내가 누군지 알려지지 않은 상태에서는 내 안에 있는 감정, 마음, 고민, 걱정, 생각을 더 자유롭고 과감하게 표현할 수 있다. 이러한 용기는 온라인 공간에서 더 쉽게 낼 수 있다.

여긴 혼잣말을 할 수 있어서 좋네. 인생 참 살아내기 힘들다. 딱히 불행한 것도 아니고, 평범하게 나름 하고 싶은 거 하면서 살고 있다고 생각하는데 왜 이렇게 기분이 더럽지?

타고나길 예민한 성격도 짜증 나고 안 그래도 예민한 사람을 더 예민하게 만드는 사람들도 짜증 나고. 순간순간이 분노와 현타의 연속이야. 이렇게 글로라도 안 쓰면 진짜 머리 터져 죽을지도.

고민 온라인 커뮤니티에 익명으로 올라온 글이다. 이분은 글로라도 마음을 표현할 수 있으니 다행이라는 생각이 들었다.

이처럼 익명 온라인 커뮤니티는 고민을 가장 쉽게, 가장 속 시원하게, 가장 거침없이 털어놓을 수 있는 공간 중 하나다. 아무도 나를 모르는 곳에서, 아무에게도 말하지 못했던 고민과 속마음을 마음껏 털어놓을 수 있다. 모르는 공간, 모르는 사람들인 만큼 더 깊게 남김없이 털어놓을 수 있다.

그럼 익명 온라인 커뮤니티는 언제 이용하면 좋을까? 자신을 밝히지 않은 상태에서 누군가에게 마음을 털어놓고 싶거나, 전혀 모르는 사람들의 생각이나 의견이 궁금하거나, 글로 풀어낸 속마음을 누군가 보고 반응해주길 원하거나, 밤늦은 시간 불현듯 누군가에게 마음을 털어놓고 싶을 때

　　　　　　　　　　　　　　나를 치유하는 마음 털어놓기

가 바로 그때다.

최근에 사람들이 많이 이용하는 익명 온라인 커뮤니티에는 무엇이 있을까? 매우 많지만 그중 직장인을 대상으로 한 '블라인드', 대학생을 대상으로 한 '에브리타임', 일반인을 대상으로 한 '마인드 카페'가 대표적이라 할 수 있다.

나 역시 가끔 몇 군데 커뮤니티에 접속해 사람들은 요즘 어떤 고민이나 생각을 많이 하는지 살펴본다. 그중에는 쉽게 공감할 수 있는 내용도 있고, 몰랐던 사실도 있는데, 가끔은 누군가의 고민을 살펴보고 읽어보는 것만으로도 위로와 힘을 받는다.

'와, 나와 비슷한 상황에 놓인 사람이 또 있었네. 나만 그런 게 아니었구나.'

'이분 정말 힘드시겠다. 내가 이 정도인 건 그나마 다행이구나.'

'이 힘든 일을 이 사람은 이렇게 극복했네. 나도 참고해야겠다.'

다만 익명 온라인 커뮤니티를 이용할 때는 주의해야 할 점이 있다. 자기 마음을 털어놓은 글에 누군가가 보인 반응이 자신이 원한 것이 아닐 수도 있다는 사실이다. 예를 들어 공감이 필요해서 게시판에 마음을 털어놓았는데 "공감이 안 된다, 무슨 말인지 모르겠다" 하는 댓글이 달릴 수도 있다.

어떤 문제에 대한 해결책이나 조언을 듣고 싶어 글을 올렸는데 전혀 도움이 되지 않는 비현실적인 답변만 있을 수도 있다. 또는 어렵게 털어놓았는데 "그런 것도 고민이냐"며 장난스럽게 받아들이거나 비아냥거릴 수도 있다. 이런 반응에 너무 민감해하거나 실망하거나 상처받으면 안 된다. 이는 그 사람의 문제이지 당신 문제가 아니다. 그런 반응은 한 눈으로 보고, 한 눈으로 흘려버리자. 자신에게 도움이 되는 댓글, 힘과 용기를 주는 반응만 참고하면 된다.

또 하나 주의할 점은 온라인 만남을 함부로 오프라인 만남으로 연결하지 말아야 한다는 것이다. 익명 온라인 커뮤니티 '디시인사이드'의 우울증 갤러리가 문제가 된 적이 있다. 이곳은 많은 사람이 우울한 마음을 솔직하게 털어놓는 공간인데 그중에는 그런 마음을 악용하는 이들도 있었다.

마음이 괴롭고 우울한 상태에서는 누군가에게 쉽게 흔들리거나 의존할 수 있다. 나쁜 의도가 있는 누군가는 그런 심리를 악용한다. 위로해주고 힘을 주겠다는 명목으로 오프라인 만남을 유도하고 성범죄나 사기범죄를 저지르기도 한다. 온라인 만남은 온라인으로 끝내자. 온라인 고민 털어놓기는 온라인으로 충분하다.

영원한 나의 편, 부모님

20세기에 영향력 있는 심리학자·사회학자 중 한 명으로 꼽히는 에리히 프롬Erich Fromm은 《사랑의 기술The Art of Loving》에서 다음과 같이 말했다.

"부모는 자녀의 가장 큰 우군이다."

이 말은 부모님이 우리의 어떤 상황도 수용하고 이해할 수 있다고 믿게 만드는 용기를 준다. 부모님과 언제든 속 깊은 얘기를 할 수 있는 관계라면, 아무리 힘든 일이 있어도 부모님에게 마음을 터놓으면 어려움을 극복해나갈 수 있다. 이는 어렸을 때나 어른이 되었을 때나 마찬가지다.

심리상담을 하다 보면 심각한 심리적 어려움을 겪고 있는 성인을 만날 때가 있다. 이들이 심리적 문제를 경험하고 있음에도 자해나 자살 시도 같은 위험한 행동을 하지 않는 것은 대부분 어릴 적부터 부모님과 수준 높은 친밀 관계를 형성한 덕분이다. 부모님은 역시 부모님이다. 부모님과 언제든 어떤 마음이든 터놓을 수 있는 관계를 유지하는 것이 정신 건강과 행복 유지에 필수라는 점을 심리상담 현장에서 체감한다.

　20대 초반 남성 C씨에게는 사람을 쉽게 사귀지 못하는 고민이 있었다. 그는 초등학교 때부터 친구가 없었다. 사람을 싫어하는 것은 아닌데, 책을 보는 것처럼 주로 혼자 하는 활동을 좋아했다. 그렇게 혼자 지내는 시간이 많다 보니 친구들과 어울릴 기회가 없었다. 친구들과 자연스레 멀어졌다. 사람들과 어울리고 대화하는 법, 사람을 부르는 법, 누군가 자신을 불렀을 때 대답하는 법을 익히지 못했다. 누군가에게는 쉬운 일이 그에게는 어려운 일이었다. 그런 상태로 중학교, 고등학교 시절을 보냈다.

　혼자 있는 시간이 길어지며 외로움을 느꼈지만 대학 입학 후에도 사람을 사귈 기회가 없었다. 코로나로 비대면 수업만 했기 때문이다. 입대한 후에도 마찬가지로 사람들과 어울리지 못했다. 생활관을 함께 사용하는 동기들과도 쉽게 친해지지 못했다. 그런 경우 많은 병사가 극도의 외로움과 심리적 고통을 호소하며 자해를 하거나 일부는 자살 시도까

지 하지만 그는 그 단계까지 가지 않았다. 다행스러우면서
도 그 이유가 궁금했다.

나: 얘기를 들어보니 정말 쉽지 않은 시간을 홀로 견뎌왔을 것
같아요. 그런 상황에서는 자해를 한다거나 자살을 하고 싶은 생
각이 들 수도 있었을 텐데 어땠나요?
C씨: 그럴 때가 있긴 했지만 그렇게까지 하지 않은 건 부모님
이 계셨기 때문입니다. 부모님에게는 못할 말이 없었거든요.

그러면서 그의 눈시울이 붉어졌다. 그가 외롭고 힘든 시
간을 보내면서도 버틸 수 있었던 건 부모님이 계셨기 때문이
다. 그것도 모든 마음을 터놓고 나눌 수 있는 부모님이었다.
그를 보며 부모님과 좋은 관계가 얼마나 소중한 것인지 다
시 한번 깨달았다.
많은 연구에서 증명하듯 자녀가 부모에게 자신의 속마음
을 공유할 때 부모와 신뢰가 증가하고 친밀한 관계가 강화
될 수 있다. 자녀가 부모에게 자기 생각과 감정을 솔직하게
표현할수록 부모는 자녀를 더 잘 이해하게 되고 지원 활동
에 더 적극적으로 되기 때문이다. 또 부모와 마음을 터놓고
하는 대화는 자녀의 자아 정체성 확립과 감정 조절 능력을
높이는 데도 도움이 된다.

이처럼 부모님에게 마음을 여는 것은 더 특별할 수 있고 많은 면에서 도움을 받을 수 있다. 그러니 마음이 힘들거나 마음을 터놓고 싶을 때 떠올리는 대상 리스트에 부모님이 계시면 좋겠다. 이런 관계는 어렸을 때부터 자연스럽게 형성되면 좋겠지만 어떤 이유로 그러지 못했다면 지금이라도 괜찮다. 처음에는 낯설 수 있겠지만 가끔 함께 식사하거나 안부 전화를 드릴 때 털어놓아 보자.

이런 점에서 초등 6학년인 아들이 감정과 마음을 나에게 털어놓을 때 그렇게 고마울 수 없다. 아들은 황당하고 억울한 일, 답답한 순간, 털어놓고 싶은 이야기를 모두 내게 털어놓는다. 나는 어릴 때 아무리 안 좋은 일이 있어도 부모님께 말씀드리지 않고 혼자서 속으로 삭였다. 집안 분위기가 그랬기에 쉽사리 말하지 못했다. 그런 이유 때문인지 여전히 부모님께 마음을 털어놓기가 어렵다.

하지만 지금이라도 아내, 친구, 직장 동료에게 털어놓지 못하는 속마음을 부모님께 조금씩 털어놓으려 한다. 쑥스럽지만 해보니 괜찮다는 생각도 든다. '부모님께도 말씀드린 고민인데 이제 뭐가 걱정이야?' 하는 생각이 들며 용기가 나기도 한다. 앞으로 좀 더 자연스러워질 것이라 믿는다.

역시 상담은 전문가에게, 상담전문가

친구나 부모님께 마음을 털어놓기는 했는데 그래도 답답한 마음이 남아 있을 수 있다. 직장 동료에게 털어놓기에는 동료가 너무 바빠 보인다. 지금은 연인도 없다. 마음속을 꺼내어 몇 글자 적어보았는데 그래도 해결되지 않을 수 있다. 익명 온라인 게시판은 사람들의 반응이 두려워 엄두가 나지 않는다. 이럴 때는 상담전문가(전문상담사, 정신과 전문의 등)에게 상담을 받아보는 것이 좋다.

과거와 달리 심리상담에 대한 인식이 바뀌면서 수요도 점점 늘고 있다. 몇 년 전만 해도 누가 심리상담을 받는다고 하면 '저 사람 좀 이상한 거 아냐? 무슨 문제 있는 사람 아냐?'라고 생각하는 경향이 강했다. 정신과 상담도 마찬가지였다. 정신과에 다닌다고 하면 '뭔가 정신에 문제가 있는 사람인가 보다'며 피하는 일도 많았다. 하지만 최근에는 '마음이 힘들면 심리상담을 받는 것, 정신과에 가는 것'이라는 생각을 점점 더 많은 사람이 하고 있다.

심리상담은 사실 현대사회에서 필수적인 마음 관리법이다. 혼자서 감당하기 힘든 일은 점점 늘어나는데 그런 마음을 털어놓을 기회는 점점 더 줄어들고 있기 때문이다. 직장 동료와 허심탄회하게 이런저런 얘기를 나누고 싶어도 퇴근 후 각자 시간을 찾아 집으로, 어딘가로 바쁘게 가는 사람에게 시간을 내달라고 하기엔 미안하다. 커플이 카페에서 마주 앉아 각자 휴대전화만 들여다보는 모습이 이제 낯설지 않다. 배우자에게 속마음을 터놓고 싶어도 피곤하다는 이유로, 아이와 놀아주어야 한다는 이유로, 그럴 여유가 없다는 이유로 기회를 만들지 못하는 경우도 많다.

그런 의미에서 심리상담은 가장 안전하게 전문적·체계적으로 마음을 털어놓을 수 있는 좋은 방법이다. 전문적 심리상담이 마음 건강을 다루는 데 효과적이라는 사실은 다양한 연구에서 밝혀지고 있다.

미국 심리학자 마틴 셀리그만^{Martin Seligman}은 긍정심리학이라는 주제로 많은 연구를 수행했다. 그는 '심리치료의 효과'라는 주제로 수행한 연구에서 "심리적 문제를 가졌던 많은 환자가 심리치료로 우울, 불안, 스트레스 등의 증상이 개선되는 효과를 경험했다. 이들은 심리상담경험을 긍정적으로 평가했으며 치료 결과에 만족했다"라고 밝혔다.

이처럼 심리상담은 마음을 털어놓을 때 고려해볼 만한 가장 전문적인 방법이다. 전문 심리상담 서비스를 이용할 때 장단점 몇 가지를 정리해 보았다. 먼저 장점이다.

첫째, 전문적 도움을 받을 수 있다. 당연한 말이지만 심리상담가, 정신과 의사는 심리적 어려움을 관리하고 극복하는 것을 돕는 지식, 기술, 경험이 있다. 약은 약사에게, 진료는 의사에게라는 말이 있듯이 '심리상담은 심리상담가'에게 받기를 권한다. 자동차가 부서지면 정비기술자를 찾아가는 것을 당연하게 여기듯이 마음이 망가지면 심리상담가를 찾아가고, 몸이 아프면 의사를 찾아가듯이 마음이 아프면 정신과 의사를 찾아가는 문화가 형성되면 좋겠다.

둘째, 객관적 관점에서 나 자신을 바라볼 수 있다. 심리학자나 정신과 의사는 내담자의 생각, 감정, 행동에 대해 객관적 관점을 제공할 수 있다. 가족, 친구, 동료처럼 가까운 사이라서 오히려 터놓지 못하는 이야기들을 제3자인 전문상담가에게 더 편하게 터놓을 수 있다. 전문상담가들은 전문적 지식을 쌓고 훈련을 받았기에 마음이 괴로운 사람의 어떠한 고민과 괴로움도 전문적으로 듣고 반응한다.

하지만 생각해봐야 할 단점도 있다.

첫째, 비용이다. 심리상담가나 정신과 의사를 방문하는 것은 비용이 많이 들 수 있다. 민간센터 심리상담의 경우 상담가에 따라 1회 비용(50분 상담 기준)이 몇만 원에서 몇십만 원에 이르기도 한다. 이는 분명 경제적 부담으로 다가올 수 있다.

둘째, 사회의 부정적 인식이다. 예전에 비해 이러한 인식이 많이 개선되고 있지만 아직 갈 길이 멀다. 심리상담을 받는다고 하면, 정신과를 다닌다고 하면 좋게 바라보지 않을 거라는 두려움이 누구에게나 있다. 내 주위에도 정신과를 정기적으로 다니며 상담을 하고 약물치료를 받는 이들이 있다. 그런데 이들은 그런 얘기를 좀처럼 하지 않는다. 아마도 자신에 대해 부정적 시선이 느껴지는 것이 두렵기 때문일 것이다. 그래도 너무 힘들면 전문가를 찾아가는 용기를 내면 좋겠다. 주위 사람들의 시선보다 내 마음이 더 중요하니까 말이다.

셋째, 시간이다. 심리상담은 보통 일주일에 한 번씩 만나 50분 정도 얘기를 나눈다. 시간을 내서 누군가와 정기적으로 만난다는 것이 쉬운 일은 아니다. 더구나 직장인이라면 주중 낮에는 시간을 내기가 더욱 어렵다. 퇴근 후에 만나거나 주말에 시간을 내야 하는데 이때는 피곤해서 쉬고 싶다. 그래서 직장인은 심리상담을 시작하기도, 이어가기도 쉽지 않다.

넷째, 심리상담가와 내가 얼마나 맞느냐이다. 상담해주는

나를 치유하는 마음 털어놓기

사람도, 상담받는 사람도 사람이기에 더 잘 맞는 상담가가 있고, 그렇지 않은 상담가가 있다. 그렇다고 그것이 상담가의 능력을 의미하지는 않는다. 더 잘 맞는 성향이 있을 뿐 절대적으로 더 훌륭한 상담가, 절대적으로 더 나은 상담가는 없다. 상담받는 사람이 만족하고, 마음의 안정을 되찾고, 문제 해결 방법을 찾는 데 도움이 되었다면 그것이 훌륭한 상담이고 좋은 상담가이다. 하지만 자신과 맞는 상담가를 찾는 것이 쉬운 일은 아니다.

이럴 때는 어떻게 하면 좋을까?

초기 상담을 최대한 활용한다. 많은 민간 심리상담센터에서는 초기 상담을 무료로 제공하는데, 이를 접수 면접이라고 한다. 이때 자신의 고민에 대해 어떤 도움을 받을 수 있는지, 어떤 성향의 심리상담가에게 상담을 받아보고 싶은지, 주로 받고 싶은 도움은 무엇인지 미리 의논할 수 있다. 이러한 접수 면접은 더 잘 맞는 심리상담가를 만나게 될 가능성을 높여준다.

이처럼 전문적 심리상담에도 분명 장단점이 있으니 이를 잘 고려하여 고민이, 힘든 마음이 쉽게 풀릴 것 같지 않다면 전문적 도움을 받는 용기를 내자. 이때 도움이 될 만한 몇 가지 정보를 정리했다. 이 중에서 전문가를 찾아 마음을 털어놓는 시도를 해보길 바란다.

정신건강복지센터(공공기관)

포털사이트에서 '정신건강복지센터'로 검색하면 쉽게 찾을 수 있다. 정신건강복지센터는 지역사회에서 주민들에게 정신건강과 관련된 서비스를 제공하는 공공기관이다. 검색창에 '정신건강복지센터'까지만 입력해도 추천 검색어로 서울시건강복지센터, 경기도건강복지센터, 성남시건강복지센터, 화성시건강복지센터 등이 뜬다. 건강복지센터에 따라 지원 내용이 조금씩 달라서 진료비·약값을 지원해주는 곳도 있고 심리상담을 지원해주는 곳도 있다. 집에서 가장 가까운 건강복지센터를 찾아 홈페이지 게시판을 이용해보거나 전화하여 정확한 이용방법을 알아보자.

건강가정지원센터(공공기관)

포털사이트에서 '건강가족지원센터'로 쉽게 검색이 가능하다. 네이버 검색 결과 화면 가장 위에 뜨는 '가족센터www.familynet.or.kr'를 클릭하면 된다. 그중 아래쪽에 보면 지역센터 바로가기에서 거주하는 '시·도'를 선택한 후 '지역센터'를 선택하면 된다. 이곳 역시 센터에 따라 지원하는 서비스의 종류가 조금씩 다르므로 해당 지역센터의 홈페이지 게시판을 이용하거나 전화로 문의하여 자신에게 가장 적합한 서비스를 이용하면 된다. 일반적으로는 6회 차 상담까지는 무료이며 그 이상은 소정의 비용을 부담할 수도 있다. 센터에 따라 상담 신청 후 대기기간이 한두 달 걸릴 수 있는 점도 감안하자.

대학교 학생상담심리센터

대학생이라면 소속 학교의 학생심리상담센터를 이용해 보자. 대학교마다 '학생심리상담센터', '심리건강상담센터', '학생생활 상담연구소' 등 이름은 조금씩 다를 수 있다. 이를 적극 추천하는 이유는 공공기관 상담센터보다 대기기간이 비교적 짧기 때문이다. 학교에서 운영하는 센터라서 웬만한 경우라면 대면신청, 비대면신청 모두 가능하다. 개인심리상담, 심리검사뿐만 아니라 대학생들에게 특화된 프로그램도 있다. 예를 들면 대학생 자존 감 회복을 위한 집단상담, 적성과 취미를 찾아가는 집단상담 등 선택의 폭이 넓다. 대학교에서 운영하는 센터이므로 비용은 당연히 무료다(실은 등록금에 포함되어 있다).

민간·공공기업 사내상담사 또는 외부상담사 연계 서비스

직장인이라면 다니는 회사의 사내 상담서비스 이용을 적극 추천한다. 회사 안 독립된 공간에서 인사팀 소속으로 전문상담 사가 상주하는 경우가 꽤 많다. 상담을 원한다면 상담사와 시간 을 약속하고 찾아가 상담을 받으면 된다. 사내상담이니 비용은 당연히 무료다. 다만 '사내상담'이라는 점 때문에 많은 직장인이 이용하기를 꺼리는 것도 사실이다. 근무시간에 상담받으러 가는 것은 자리를 비워야 하기에 눈치가 보이고, 다른 사람들의 부정적 시선이 의식되기도 한다. 이때도 좋은 방법이 있다. 회사에서 연계해주는 외부 전문상담사 서비스를 이용하면 된다. 회사와 계약된 외부 심리상담사가 있다면 따로 약속해서 상담이 가능하고 주말에도 이용 가능한 경우가 많다. 그러면 동료들 시선을 걱정할 필요가 없다. 다만 사내 상담서비스와 외부 상담서비스를 모든 회사에서 제공하는 것은 아니니 회사에 확인해보면 좋겠다.

사설 심리건강상담센터

말 그대로 사설로 운영되는 심리상담센터로 전국에 심리상담센터가 수없이 많다. 만약 앞에서 소개한 방법을 일일이 알아보기 귀찮거나 내 입맛대로 빠른 서비스를 이용하고 싶다면, 또는 그럴 만한 금전적 여유가 있다면 사설 심리상담센터를 이용해보는 것도 괜찮다. 대면, 비대면(전화, 채팅, 화상) 등 다양한 방법으로 이용할 수 있다. 다양한 만큼 제공하는 서비스와 비용의 범위도 넓다. 포털사이트에서 '심리상담'이라고 검색하면 관련 정보를 쉽고 빠르게 찾을 수 있다.

나를 치유하는 마음 털어놓기

긴급전화

너무 힘든 상황이거나 당장 누구라도 붙잡고 마음을 털어놓고 싶을 때, 지금 당장 죽을 것 같을 때는 바로 전화하자. 이때 꼭 기억해둘 연락처를 소개한다. 혹시라도 필요할 때를 대비해 이 번호를 저장해두자. 번호 이름은 '너무나 힘이 들 때', '죽고 싶을 때'라고 저장해두는 것도 좋다.

정신건강위기상담전화(1577-0199, 24시간), 자살예방상담전화(국번 없이 1393, 24시간)

아무 말 없이 내 마음을 이해해줄 것 같은 대상, 반려동물·인형

반려동물에 대한 관심이 꾸준히 커지면서 그에 대한 인식도 바뀌고 있다. 반려동물이라는 명칭도 예전에는 '애완동물'이라고 했다. '애완愛玩'은 사랑하여 가지고 논다는 뜻이다. 반면 '반려伴侶'는 동무, 짝, 친구라는 의미이다. 그저 귀여워하고 즐기는 대상이 아닌 말 그대로 모든 것을 함께 나누는 '파트너'라는 의미가 강하다. 그래서일까? 많은 반려인이 반려견, 반려묘에게 말을 걸고 감정을 나눈다.

"에고 우리 다복이, 배고팠쪄요? 많이 힘들었쪄요? 알았어요. 알았어. 밥 줄게요."

"호두야. 오늘따라 만날 사람이 아무도 없네. 좀 외롭긴 한데 그래도 네가 있어서 다행이다. 뭐? 너도 그렇다고? 그래, 고맙다. 하하. 고마운 녀석."

"래리야. 자꾸 왜 이래. 알았어. 알았어. 나 어디 안 가 이 녀석아. 혼자 두고 어디 갈까 봐 그러네."

이렇게 반려동물에게 말을 걸기도 하고 자신의 감정을 반려동물에게 투사投射하기도 한다. 반려동물과 꽤 오랜 시간 그럴듯한 대화를 하는 반려인도 있다. 대화를 나눌 마땅한 사람이 없다면, 굳이 사람에게 털어놓지 않아도 되는 가벼운 감정이라면, 사랑하는 반려동물이 있다면 반려동물에게 감정과 마음을 털어놓는 것도 좋은 방법이다.

영국 리버풀대학교 심리학 연구소의 헬렌 브룩스Helen Brooks 박사와 동료 연구자들은 반려동물과의 대화가 정신건강에 미치는 영향을 연구했다. 그 결과 반려동물과 대화를 나누는 사람은 우울감·고립감·스트레스·긴장감이 낮아지고 책임감·안정감이 높아지는 효과가 있는 것으로 나타났다. 반려동물과 대화할 때 편해지는 마음, 내가 어떤 말을 하더라도 다 들어줄 것 같은 큰 눈, 내 곁을 지켜주는 든든함, 이 모든 것은 분명 마음을 진정하게 해주고 따스한 위로를 주는 효과가 있다.

우연한 기회에 만난 반려견이 감정의 동반자가 된 사례가 있다. 한 부대의 여성 간부는 일과시간 이후 개인 숙소에서 홀로 보내는 시간이 많았다. 그녀는 어느 날 부대로 들어온 강아지 한 마리를 발견했는데, 길을 잃고 헤매는 모습이 안쓰러워 집으로 데려가서 키우기 시작했다. 혼자 지내는 시간이 많아 외로웠던 그녀는 그 강아지를 지극 정성으로 보살폈다.

그리고 마음이 힘들 때마다 강아지에게 말을 건넸다. 자신이 그날 어떤 일을 겪었는지, 그때 어떤 심정이었는지, 왜 그런 감정을 느꼈는지, 그래서 이후 어떻게 했고 앞으로는 어떻게 하고 싶은지 등을 낱낱이 강아지에게 보고했다. 강아지는 대답하지 못하지만 그렇게 마음을 털어놓는 것만으로 마음이 좀 홀가분해지고 안정되는 효과가 있었다. 그런 말들은 꺼내놓고 싶었지만 아무에게나 쉽게 털어놓지 못했던 것들이기 때문이다. 그런 의미에서 반려동물은 우리가 지칠 때까지 우리 얘기를 들어줄 수 있는 그야말로 '파워 리스너power listener'가 아닌가 한다.

이러한 반려동물의 존재는 굳이 대화를 하지 않더라도 그 존재만으로 심리적·신체적으로 긍정적 효과를 준다.

한 연구 결과를 보면 반려동물과 함께 상호작용을 하는 사람들은 그렇지 않은 사람들에 비해 더 낮은 수준의 스트레스를 느꼈으며, 혈압이 감소하거나 심박수가 안정되는 생리적 변화를 겪었다. 반려동물과 얘기 나누고 산책하고 볼을 비비는 행동이 마음과 신체에 확실한 긍정적 영향을 미

나를 치유하는 마음 털어놓기

치는 셈이다.

만일 반려동물이 없다면 말동무 인형을 하나 곁에 두어도 좋다. 한때 '걱정 인형Worry Dolls'이 유행했다. 한 보험회사에서 만들어 선물로 나누어준 걱정 인형은 당시 많은 사람의 호응을 얻었다. 그 인형이 자기 걱정을 대신해줄 수도 있다는 믿음에 많은 사람이 관심을 가졌을 것이다. 걱정 인형의 본래 발상지는 중부아메리카의 과테말라다.

성인도 마찬가지이지만 특히 어린아이들은 어떤 두려움이나 걱정으로 밤에 잠들지 못할 때가 있다. 이때 과테말라의 부모들은 작은 나무 상자나 천 가방에 작은 인형을 6개 넣어 아이 침대 머리맡에 놓아둔다. 그럼 걱정이나 불안으로 잠을 자지 못하는 아이는 인형 하나를 꺼내서 마음을 털어놓는다. 그리고 그 인형을 베개 밑에 놓는다.

그렇게 걱정을 조금이나마 덜어낸 것 같은 기분을 느끼며 잠들면 부모님이 몰래 와서 걱정 인형을 가지고 간다. 그다음 날 아침 아이가 인형을 찾으면 부모는 이렇게 말한다. "그 인형은 네가 말한 걱정을 가지고 가버렸어." 그럼 아이는 '인형이 내 걱정을 가지고 진짜 가버렸구나' 하는 생각에 한 시름 놓는다.

걱정 인형이 실제로 걱정을 가지고 도망가지는 않았겠지만 그렇게 믿는 그 아이 마음이 중요하다. 어른도 마찬가지다. 그렇게 해서라도 털어놓을 수 있다면, 그렇게 해서라도 표현할 수 있다면 우리의 마음과 신체는 그만큼 더 건강해 진다. 지금 잠시 시간이 된다면 온라인 쇼핑몰에 들어가 마음에 드는 걱정 인형을 하나 찾아보는 것은 어떨까? 내 마음을 가장 잘 이해해주고 내 이야기를 가장 잘 들어줄 것 같은 말동무를 찾아보자.

나를 치유하는 마음 털어놓기

나가는 글

이 책을 쓰며 내가 경험했던 일을 돌아보고 고백도 할 수 있었다. 털어놓고 싶었던 생각과 느낌을 털어냈다. 이제 마무리하려니 꽤 오랜 시간 함께했던 친구를 떠나보내는 느낌이 든다. 공을 많이 들였고 정성도 많이 쏟았다. 이 책을 끝까지 봐주신 독자들에게 큰 감사를 드린다. 책 한 권을 다 읽었으니 집중력이 대단하신 분들이다.

이 책 독자들에게 전하고 싶은 메시지는 하나였다.

"힘든 일이 있으면 혼자서 끙끙대지 말고 털어놓으세요. 털어놓는 것만으로 풀리는 게 있습니다."

많은 분이 이런 경험을 하기를 바란다. 직접 해보지 않으면 모를 수 있다. 하지만 해보면 그 힘을 알게 된다. 이런 관점에서 마음을 털어놓는 것은 험한 세상에 강력한 무기가 된다. 자기 비난, 오해, 스트레스, 우울, 불안 등에서 자신을 지키는 훌륭한 무기가 된다. 이 책에서는 그런 무기를 갖고 싶도록 부추겼다. 한번 털어놓을 용기를 내도록 했다. 그런 내 의도가 잘 전달되었기를 바란다.

세상에서는 지금 이 순간에도 자연재해, 전쟁, 테러로 많은 사람이 피해를 보고 있다. 소중한 생명이 이렇게 많이 희생당하는 것은 도저히 있을 수 없는 일이다. 사랑하는 가족, 친구, 연인, 동료를 떠나보낸 사람의 마음은 어떨까? 그 마음을 어떻게 상상이나 할 수 있을까? 그들의 고통은 오랜 시간 어떤 형태로든 남아 있을 것이다. 누군가를 떠나보낸 고통은 이 세상에서 가장 힘든 트라우마가 아닐까 싶다. 그래도 산 사람은 살아야 한다. 살아남은 분들의 마음이 하루라도 빨리 치유되길 바란다.

그런 마음에 도움이 되는 건 역시 마음을 털어놓는 것이다. 당장은 힘들겠지만 마음속 깊이 박힌 고통스러운 기억을 꺼내 그 상처를 마주하는 것이다. 몸에 난 아프고 쓰라린 상처일수록 제대로 들여다보고 적절히 치료해야 하듯이 마음속에 입은 고통스러운 기억을 꺼내 제대로 살펴보고 적극적으로 치료해야 한다. 회상하며 애도를 표하고 기억해야 한다. 처절했던 삶의 기억을 털어놓으며 살아야 한다.

독일 콘스탄츠대학교 임상심리학과 프랑크 노이네Frank Neuner 교수는 이야기 노출 치료Narrative Exposure Therapy, NET를 주제로 연구를 수행했다. 이 연구의 목적은 아프리카 난민 거주지의 외상후 스트레스 장애PTSD 환자들을 대상으로 이야기 노출 치료법 효과를 검증하는 것이었다. 이야기 노출 치료를 받은, 즉 자신이 경험한 과거 트라우마와 관련된 사건, 감정, 느낌 등을 적극적으로 털어놓고 글로 표현했던 환자들은 다른 치료법 환자들보다 PTSD 증상이 뚜렷하게 개선되는 효과를 보였다. 이는 죽음과 같이 극한의 공포와 슬픔을 경험한 사람들에게도 그와 관련된 느낌을 털어놓는 시도가 그들의 마음속 상처를 치료하는 데 도움이 될 수 있음을 의미한다.

많이 배우고 느낄 수 있도록 기회를 주신 내담자분들, 다양한 사례의 주인공으로 등장한 친구, 동료들과 사랑하는 부모님, 아내와 동건이, 세령이에게 이 책을 바칩니다.

이 책을 끝까지 읽어주신 여러분께 다시 한번 감사 말씀 드립니다. 이제 여러분은 하고 싶은 얘기를 누군가를 찾아 털어놓으면 됩니다. 꼭 그렇게 해보시기 바랍니다. 그럼 좀 괜찮아집니다.

최정우

참고자료

야오야오, 김진아 옮김, 《나도 모르는 내 마음의 심리법칙》, 미디어숲, 2023.

유만찬, 《갖고 싶은 세계의 인형》, 바다출판사, 2013.

이순신, 《난중일기》, 돋을새김, 2018.

Allen, K., Blascovich, J., & Mendes, W. B. (2002). "Cardiovascular Reactivity and the Presence of Pets, Friends, and Spouses: The Truth about Cats and Dogs." Psychosomatic Medicine, 64(5), 727-739.

Baikie, K., & Wilhelm, K. (2005). Emotional and physical health benefits of expressive writing. Advances in Psychiatric Treatment, 11(5), 338-346. doi:10.1192/apt.11.5.338

Bowlby, J. (1969). Attachment and loss: Vol. 1. Attachment. Basic Books.

Brooks, H. L., Rushton, K., & Lovell, K. et al. The power of support from companion animals for people living with mental health problems: a systematic review and narrative synthesis of the evidence. BMC Psychiatry 18, 31 (2018).

Cohen, S., D. Janicki-Deverts, & G. E. Miller(2007). Psychological stress and disease. JAMA, 298(14), 1685-1687./

Deci, E. L. & Ryan, R. M. (1985). *Self-Determination Theory: A Theory of Motivation and Personalit*

"Depression and Other Common Mental Disorders: Global Health Estimates." *World Health Organization*, accessed on April 3, 2023.

Freud, S. (1915). The Unconscious. SE41: 159-215.

Gable, S. L., Reis, H. T., Impett, E. A., & Asher, E. R. (2004). What do you do when things go right? The intrapersonal and interpersonal benefits of sharing positive events. *Journal of Personality and Social Psychology*, 87(2), 228-245.

Gross, J. J. & Levenson, R. W. (1997). Hiding feelings: The acute effects of inhibiting negative and positive emotion. *Journal of Abnormal Psychology*, 106(1), 95-103.

Homans, G. C. (1958). Social behavior as exchange. *American Journal of Sociology*, 63(6), 597-606.

Kalisch, R., Wiech, K., Critchley, H. D., Seymour, B., O'Doherty, J. P., Oakley, D. A., Allen, P., & Dolan, R. J. (2005). "Anxiety reduction through detachment: subjective, physiological, and neural effects." Journal of Cognitive Neuroscience, 17(6), 874-883

Kiecolt-Glaser J. K, Newton T. L., Marriage and health: his and hers. Psychol Bull. 2001 Jul;127(4):472-503.

Kross, E., & Ayduk, O. (2017). Self-distancing: Theory, research, and current directions. *Advances in Experimental Social Psychology*, 55, 81-136.

Neuner, F., Schauer, M., Klaschik, C., Karunakara, U., & Elbert, T. (2004). "A comparison of narrative exposure therapy, supportive counseling, and psychoeducation for treating posttraumatic stress disorder in an African refugee settlement." *Journal of Consulting and Clinical Psychology*, 72(4), 579-587.

Reis, H. T., & Shaver, P. (1988). Intimacy as an interpersonal process. In S. Duck, D. F. Hay, S. E. Hobfoll, W. Ickes, & B. M. Montgomery (Eds.), *Handbook of personal relationships: Theory, research and interventions* (pp. 367-389). John Wiley & Sons.

Roest, A. M., Martens, E. J., de Jonge, P., & Denollet, J. (2010). Anxiety and risk of incident coronary heart disease: A meta-analysis. *Journal of the American College of Cardiology*, 56(1), 38-46.

Rosenberg, M. (1965). *Society and the adolescent self-image*. Princeton University Press.

Sauer-Zavala, S., Gutner, C., Farchione, T. J., Boettcher, H. T., Bullis, J. R., & Barlow, D. H. (2017). Current definitions of "transdiagnostic" in treatment development: A search for consensus. *Behavior*

Therapy, 48(1), 128-138.

Singer, T., Seymour, B., O'Doherty, J., Kaube, H., Dolan, R. J., & Frith, C. D. (2004). "Empathy for pain involves the affective but not sensory components of pain." *Science*, 303(5661), 1157-1162.

Smyth, J. M., True, N., & Souto, J. (2001). Effects of writing about traumatic experiences: The necessity for narrative structuring. *Journal of Social and Clinical Psychology*, 20(2), 161-172.

Wade, Lisa and M. M. Ferree (2012), *Gender: Ideas, Interactions, Institutions.*

https://theactionalliance.org/resource/suicide-care-systems-framework

https://www.apa.org/helpcenter/stress-body

나를 치유하는 마음 털어놓기

지은이 최정우
발행처 도서출판 평단
발행인 최석두

등록번호 제2015-000132호
등록연월일 1988년 7월 6일

초판 1쇄 인쇄 2024년 1월 3일
초판 1쇄 발행 2024년 1월 10일

주소 (10594) 경기도 고양시 덕양구 통일로 140 삼송테크노밸리 A동 351호
전화번호 (02)325-8144(代)
팩스번호 (02)325-8143
이메일 pyongdan@daum.net

ISBN 978-89-7343-572-2 (03190)